초월과 인식 가능성

초월과 인식 가능성

Transcendance et Intelligibilité

Copyright © 1984 by Emmanuel Levinas
All rights reserved.

Korean translation rights arranged with Editions Labor et Fides,
Genève through Danny Hong Agency, Seoul.
Korean translation copyright © 2025 by Moonye Publishing Co., Ltd.

이 책의 한국어판 저작권은 대니홍 에이전시를 통한 저작권사와의
독점 계약으로 (주)문예출판사에 있습니다.
신저작권법에 의해 한국 내에서 보호를 받는 저작물이므로 무단전재와 복제를 금합니다.

초월과
인식 가능성

에마뉘엘 레비나스

김동규 옮김

문예출판사

일러두기
— 본문의 주는 옮긴이 주다. 앞에 '(원주)'라고 표기된 것은 원서의 편집자 주다.
— 원서에서 이탤릭, 큰따옴표 등으로 강조된 부분은 볼드체로 표기했다.
— 본문에 언급된 도서 중 국역본이 있는 경우, 원서 제목을 병기하지 않았다.
— 본문에 인용된 성서 구절의 번역은 《공동번역 성서》(대한성서공회)를 참조하였으며, 레비나스의 성서 활용 맥락에 따라 직접 번역하기도 했다.

서문

이 책에는 초월적인 것에 관한 인식 가능성을 다루는 강연이 실려 있다. 이 강연은 엄밀하게 철학적인 것을 지향하며, 강연에 이어 서구의 종교 전통과 그 전통에서 성서의 의미와 개방성을 진지하게 다루는 종파 간 대화를 기록한 원고가 수록되어 있다.

    이 강연은 다른 상황에서 이미 전달된 몇 가지 생각을 다시 전개한다. 이 생각은 1983년 6월 1일 제네바대학교에서 만프레드 프랑크 교수가 '형이상학의 진리와 가상'이라는 주제로 조직한 학술회 강연의 한 꼭지로 발표되었다. 초월과 인식 가능성의 근본적인 내용은 그 이후 같은 해 8월 10일부터 13일까지 최근 빈에 설립된 인문학연구소가 카스텔 간돌포*에서 개최한 콜로키엄에서도 발표되었다. 〈우리 안의 무한 관념에 관해서〉라는 제목이 달린 마지

---

* 이탈리아 로마 근교의 작은 도시. 교황의 여름 별장이 있는 곳이기도 한데, 교황 요한 바오로 2세가 현대 철학자들과 대화 모임을 가지기도 했다.

막 글은 몇 달 전 프랑스대학교출판부에서 출간한《이성의 정념》이라는 논문집에 실렸다.*

이 책 후반부의 대담은 대학교 강연 다음 날 장 알페랭 교수의 자택에서 이루어졌는데, 그는 제네바의 개신교 신자, 가톨릭 신자, 유대교 신자인 친구 몇몇을 자기 집으로 초대하였다. 우리는 이미 확립되어 흔들림 없는 것을 넘어, 전적으로 자유로운 분위기 속에서 신학적 주제에 대한 여러 견해와 물음, 기획과 증언을 나누었다. 각기 자신의 고유한 원천과 경험에서 길어 올린 자신에게 충실해지려는 마음 씀씀이가 근접성에 대한 욕망 및 서로 다가서고 있음을 확인하려는 욕망과 결합하였다. 두말할 나위 없이, 이러한 마음 씀씀이와 욕망은 앞으로 읽게 될 기록 속에, 묻고 답하는 동일한 발언자의 말에 자주 나타나는 변주들 속에 반영되어 있다. 이러한 변주는 어떤 불안정성에서 비롯한 것이 아니며, 대화 상대에게 자신의 논지를 정식화하여 제시하는 순간, 혹은 그 직후에, 논지 구성 방식 자체가 다소 답답하게 느껴지는 듯한 인상을 주는 데서 생겨난 것 같다.

우리, 또 우리 시대는 더 이상 내밀한 질서(또는 무질서)에 속한 이러한 교류에 별로 놀라지 않는다. 그런데 각자가 상대방의 기여에 대해 보인(또는 조급하게 거부하거나 반박하려 하지 않는) 호기

---

*   Jean-Luc Marion (éd.). *La passion de la raison: Hommage à Ferdinand Alquié* (Paris: Presses Universitaires de France, 1983).

심은 아마도 녹음된 카세트 기록 속에 흔적을 남겼을 것이며, 이는 이미 옛것이 된 톨레랑스 이후로 종파 간 관계가 얼마나 먼 길을 걸어왔는지를 가늠하게 해준다. 이 흔적을 출간하자는 제안을 받았을 때, 우리는 동의하지 않을 수 없었다.

다만 강연과 대화를 모은 이 짤막한 책을 여는 철학적 강연 부분(이 강연이 대담의 우연한 기회 또는 구실이 되었다)은 적어도 철학자들이 끊임없이 응답해온 매우 오래된 정신적 요구를 반향하고 있다고 생각한다. 철학자들은 계시가 열어놓은 길의 본질적인 불안정성에 학문의 보증을 부여하라는 부름을 받은 것이 아니다. 그들은 계시를 듣기 전에 먼저 하나의 목소리를 들려주려 온 것이며, 이 목소리에는 하나의 음색이 보존되어 있어야 한다. 그것은 친숙한 또는 선험적인 음색으로, 그 또렷하게 발화된 말을 감히 신뢰하기 위해서는 이 음색을 반드시 알아차릴 수 있어야 한다.

에마뉘엘 레비나스

차례

서문   5

초월과 인식 가능성

앎으로서의 정신   13
학science 과 현전   15
존재와 자신을 주기   17
내재성의 현상학   19
초월 개념과 형이상학의 종말   23
앎을 따르는 것과는 다르게   27
종교로서의 사유   31
우리 안의 무한 관념   33
무한의 로고스   37
현상학을 한다는 것   41
초월적인 것의 인식 가능성   43

에마뉘엘 레비나스와의 대화   45

옮긴이 해제
레비나스의 초월: 하늘의 지혜를 이 땅에서 실현하기   87

초월과 인식 가능성

앎으로서의 정신

우리에게 전승된 철학은 (자기의식에까지 이르는) 앎savoir*으로 이해되는 인간의 정신적 삶 속에 사리事理, sensé 의 본래적 장소와 철학의 기원을 위치시킨다. 철학은 앎과 의식 속에서 정신을 탐구한다.

철학자의 주의는 스스로가 경험이라는 것을 인정하고 시인하는 인간의 체험을 향한다. 이 체험은 사물의 드러남과 그 현전 속에서 곧바로 사물에 관한 가르침, 교훈으로 전환될 수 있다. 그러나 다른 사람들이나 사회 집단과의 관계, 심지어 '신과의 관계' 또는 신의 계시라고 불리는 것 아래서도, 소위 사람들은 집단적 경험이

---

* Savoir는 라틴어 sapere에서 유래한 말로 알려져 있다. 동사로는 '안다', '알고 있다'는 의미로 쓰이고 명사로는 '앎', '지식'으로 번역된다. 동사 connaître가 사람을 안다거나 경험으로 안다는 의미로 많이 쓰이는 반면, savoir은 주로 사실과 정보를 안다는 의미로 많이 사용된다. 철학적 맥락에서는 인식론적 의미의 앎이나 인식을 뜻할 수도 있고, 지식이나 이해력을 나타내는 말로 사용될 수도 있다. 이에 본문에서는 문맥에 따라 앎 또는 지식으로 번역했다.

나 종교적 경험이라고 불리는 것을 파악하거나 가정하고자 한다.

모든 인식 가능성이(심지어 신의 '의미' 조차도) 앎을 요구한다는 것, 현전이라는 버팀목을 그 앎 속에서 찾는다는 것, 정확하게는 하나의 토대를 찾는다는 것, 이 모든 것은 철학에서 본래 자명한 것이다. 데카르트는 《제일철학에 관한 성찰》에서 의심이라는 지적 활동(참된 것에 몰두하는 과정)에 도입된 **코기토**cogito라는 용어를 영혼 전체로 확장한다. 우리는 둘째 성찰에 나오는 다음과 같은 정식을 상기한다. "사유하는 것. 이것은 무엇인가? 의심하는 것, 이해하는 것, 긍정하는 것, 부정하는 것, 원하는 것, 원하지 않는 것, 또한 상상하는 것 그리고 감각하는 것이다."* 나는 여기서 감각한다sentir는 것이 감각sensation과 감정sentiment을 모두 의미한다고 추정한다. 나는 또한 여기서 열거한 사유의 다양한 형태들이 단순히 하나의 유에 속하는 다양한 종을 지시하는 게 아니라 하나의 구조의 다양한 계기와 분절, 또는 앎의 사실인 의식의 사실 자체의 여러 차원을 지시한다고 가정한다.

---

* René Descartes, *Meditationes de prima philosophia*(1641), in *Œuvres de Descartes*, Tome VII, éds. Ch. Adam & P. Tannery (Paris: J. Vrin, 1983), 28. (《제일철학에 관한 성찰》, 이현복 옮김, 문예출판사, 2021)

학Science과 현전

앎으로서의 사유는 외재성이 의식의 내부에서 자신을 재발견하는 방식인데, 여기서 의식은 다른 어떤 판명한 기호에 의뢰하지 않고서 끊임없이 자신을 식별하는 것이며, 또 자아Moi, 즉 동일자Même인 것이다. 앎은 **동일자**와 **타자**Autre의 관계다. 이런 관계에서 타자는 동일자로 환원되며, 그 낯섦étrangeté은 벌거벗겨진다. 또한 이런 앎의 관계에서 사유는 타자와 관계하지만, 이때 타자는 더는 그 자체로 타자가 아니다. 이 타자는 이미 나에게 고유한 것, **나의 것**mien이다. 이렇게 해서 타자는 비밀 없이 존재하는, 또는 탐구에 열려 있는 것, 다시 말해 **세계**다. 세계는 내재성immanence이다. 또한 이 내재성은 시간의 한 양식이기도 하다. 이 내재성은 존재-사실이기도 한 현전으로 특권화되어 부과된다. **존재**être의 절대적 자치권에 노출된 것으로서의 현전은 어떤 빈틈도 없고, 달아나지 못하며, 그림자 하나 없는 집합이자 공시성을 뜻한다. 현전은 **나타남**이자 **자신을 줌**이다. 경험들의 통-시성dia-chronie과 변천, 그리고 **이전과 이**

후, 과거와 미래의 은폐의 이면에 있는 (열거한 것들이 현전〔현재〕을 일시적으로 실추시키더라도 정확히 모든 의미에서 재-현전화가 가능한, 사유할 수 있는 것의 양식으로 현전을 되찾을 수 있는) 앎의 전개는 현전〔현재〕을 이념적 현전의 영원성 속에 재확립한다. 상기와 상상은 이해에 대한 이념적 현전의 공시성을 보장하며, 이미 사라져버린 것 혹은 아직 도래하지 않은 것 전체를 '시간에 종속된' 존재 **경험** 속에 함께 존속시킨다. 존재와 앎의 이러한 충전성으로 인해 아마도 우리는 이미 알고 있는 것만을 이해한다고 말하게 되며, 절대적으로 새로운 것, 다른 것, 이질적인 것, 초월적인 것은 결단코 모든 것을 관조하도록 약속된 정신에 영향을 미치거나 이를 진정으로 확장할 수 없다고 말하게 되는 것일 테다. 마치《티마이오스》의 '타자의 원환을 에워싼 동일자의 원환'처럼 말이다. 하나의 담론은 여러 분산과 배제에도 불구하고 '객관 정신'을 통해 모순되는 사유들을 한데 모을 수 있다. 또한 코기토라는 일인칭 현재 동사는 이미 (아마도 그 무엇보다도) **초월적 통각** aperception transcendantale 을 의미하는데, 이것은 사유할 수 있는 것을 전체성 안에 포섭하여 그것들을 **나** je의 의식이 제공하는 체계적 통일성 속에 한데 모아 자족하게 하는 앎의 자율성을 구성한다. 여기에서 체계로의 통합이 일어난다. 그 자체로 연속하는 것들의 동시성 simultanéité 또는 연속성 안에서 **타자**인 것으로 보일 수 있는 모든 것의 동시성.

존재와 자신을 주기

그런데 노출 속에 있는, 존재의 자치권 안에 있는 현전은 사실상 그 자체로 자신을 주는 것, 붙잡고자 두는 것, 또한 이런 점에서 구체적으로는 포착하는 손에 자신을 내맡기는 것, 결과적으로 움켜쥠의 근육 수축을 통해서(후설이 운동감각 kinesthèse 이라고 부른 것을 통해서) 손의 움켜쥠이나 손가락으로 가리키는 견고함을 스스로 지시하는 것이다. 또한 현전은 이미 이미 (하나의 겨냥, 하나의 지향이었고, 이로 인해 하나의 목적성, 의지 또는 욕망이었던 지각으로부터 시작하여) **어떤 것**에, 하나의 항, 한 **존재자**를 **스스로 지시하는 것**이다. 우리는 실제로 **존재자** étant가 이렇게 **존재** 이해의 구체성에 속해 있다고 생각한다. 현전에서, 주어진 것으로부터 시작하는 지각과 포착, 이런 것에서 일어나는 일이 곧 획득이며 자기에게 저장하기이고, 이렇게 자기에게 고유한 것으로 만드는 전유가 탐욕스럽고 헤게모니적인 자아에게 **만족**을 약속한다. 내재성의 강조로서의 만족, 이 **충족** 속에서 충전성의 충만은 이로써 척도 저편의 것에 대해서는 불가지성을 끌어들이게 되며, 이것은 또한 무신론의 끊임없는 유혹을 함축한다.

그 스스로 붙잡히게 자신을 내맡기는 현전, 이해의 기회. 이때 앎은 지각과 파악, 포착에 긴밀하게 결부되어 있는데, 이는 개념(con*cept*, 한데 모아 **잡다**/Be*griif*, **잡아채다**)에 이르러서도 마찬가지로 남게 된다. 이 개념은 포착의 구체성을 간직하거나 상기시키며, 그 개념의 종합 작용 속에서 그 구체성을 모방한다. 앎이 시선으로 감당할 수 있는 이념화의 정도가 어느 정도이든, 이러한 종합 작용은 장악이자 한데 묶어냄이다. **이 은유들은 진지하게 문자 그대로 받아들여져야 한다.** 이 은유들이 내재성의 현상학에 속한다.

내재성의 현상학

산업 시대의 지식이 가능하게 만든 사물에 대한 기술의 지배에 앞서, 또 근대성의 기술 발전에 앞서 앎은 그 자체로 붙잡음, 전유, 충족 속에 육화된 실천의 소묘다. 미래 학문의 가장 추상적인 교훈들조차도, 우리가 우리 손이 닿는 범위에 붙잡아 둔 사물들 사이에 있는 이러한 세계에 대한 친숙함을 기반으로 삼는다. **자기의 현전**은 손으로 붙잡음main-tenant 이 된다.*

앎은 후설이 생활세계라고 부른, 곧 저 유명한 레벤스벨트Lebenswelt 라는 주어진 세계 내에 주어진 사물들을 기초로 삼는다. 또한 후설은 여간해서는 이 생활세계에서 어떤 비판의 구실도 찾지

---

* 여기서 레비나스는 일종의 언어유희로 현전의 성격을 규정한다. main-tenant는 분리하면 손main과 붙잡음tenant, 그래서 '손으로 붙잡음'이 되지만, maintenant로 읽으면 '지금'이 된다. 그러므로 지금 여기에 어떤 것을 붙잡아 둔 것이 바로 현전이다. 다시 말해 현전은 그 자체로 흘러가는 흐름, 과거 자체를 지금 그리고 여기에 붙잡아 두는 작용이다.

않았으며, 소위 기술적 지배에 넘겨진 사회의 어떠한 일탈도 고발하지 않았다. 후설은 우리의 정밀한 인간 과학, 물리-수학적 과학의 기저에 포착과 조작에 적합하도록 주어진 세계가 있음을 인지하였다. 그는 과학에 대해 반성하는 인식론이 추상화되면서 이 세계를 **과소평가**하게 된 것을 비방할 것이다. 이러한 과소평가 속에서, 후설은 분명 인간의 과학적 탐구가 지향하는 진리에 대한 위협을 보았을 것이지만, 이 과학적 탐구 자체는 정신의 어떤 도착에서 비롯한 것이 아니다.

    그런데 이렇게 유럽 철학을 통해서 또한 확증되는 것은, **앎**이 인간의 본질적 과제로 평가되며, 이에 대해 어떤 것도 절대적으로 타자로 남지 않는다는 점이다. 곧 절대지, 만족하는 인간의 자유에 관한 학설인 헤겔주의(후설의 현상학과 마찬가지로 서구 사유가 벌인 다양한 시도의 귀결이라 할 수 있는 것)가 사유의 증진을 일으킨다. 여기서 사유의 증진이란 사유의 충만한 야심 가운데서 타자로서의 타자를 경시하게 되는 것을 말하는데, 이 타자는 노에시스 noesis의 노에마 noema로 머물지 않으면서도 본디 인간에게 중요할 수 있는 자다. 사유의 노동은 사물과 인간의 모든 타자성을 극복하는데, 바로 여기에 합리성 자체가 존재한다. 개념적 시놉시스가 모든 다양성과 한데 모이지 않는 항들의 그 모든 양립 불가능성보다, 그리고 근본적이면서도 환원 불가능하다고 하는 모든 통시성보다 더 강하다. 마찬가지로 후설의 현상학에서 의식은 지향성이다. 사유 작용 cogitation은 그 자신에게서 벗어나 나오지만, 사유된 것 cogitatum은 사유에 현전하며, **노에마**는 **노에시스**와 동등시되고 그 지향에 부합하게 된다. 후설 현상학에서는 사유의 지향을 탐구하는 것만으로도 사유가 본디 무엇을 향해 나아가고자 하는지를* 알기에 충분하다. 그 어떤 것도 사유의 이러한 지향적 의욕을 결코 흔들지 못하며, 모든 것은 그 척도에 부합하게 나타난다.

---

* 원문에 나오는 "Worauf sie eigentlich hinauswill"이라는 표현은 에드문트 후설의 《형식논리학과 선험논리학》 서문에 등장하는 말로, '본래 무엇을 향해 나아가고자 하는지'를 뜻한다(이 책의 원제는 *Formale und transzendentale Logik*로, 《형식논리학과 초월논리학》으로 번역하는 것이 더 적절하나 국역본의 제목을 존중하여 이를 따랐다).

초월 개념과 형이상학의 종말

그런데 초월, 타자성, 절대적 새로움(즉 절대라는 개념)이라는 개념은 만일 이 개념 자체를 파악하거나 동화시키고자 하는 앎으로부터, 이 개념이 나타날 수야 있지만 이미 내재성이 되어버리고 만 세계로부터는 단절되어야 한다고 할 때, 과연 여전히 인식 가능한 것들 가운데서 명명될 수 있는가? 앎, 나타남, 현전에 대해 순전히 부정적인 방식으로 이 인식 가능성을 유지하는 것으로 충분한가? 아니면 타자의 타자성에 관한, 초월에 관한 인식 가능성은 설령 그것이 나타남과 앎의 현상학에 대한 해체*일지라도, 또 다른 현상학을 요청하는 것은 아닌지 의문이다.

    이성의 실질적인 역사 속에서, 《순수이성비판》은 특히 다음과 같은 이유로 그 동기를 부여받게 된다. 즉, 주어진 것을 넘어서고 초월적 통각의 비판 범위를 초과하는 **절대적 진리를 추구하는** 이

---

*   원어는 destruction으로, 데리다의 déconstruction과 혼동해서는 안 된다.

성의 오랜 방황이 형식적 모순들에 도달하면서 이성에 대한 철학적 사용이 실패로 귀결된 것이 동기가 되었다. 그렇다고 해서 《순수이성비판》이 형이상학 métaphysique 에서의 **메타** méta 의 의미 자체를 무의미한 것으로 폐기한 것은 아니었다. 이 책은 형이상학의 종언을 고했는데, 이때 종결된 것은 경험 너머에서 영원한 현전 속에 파악할 수 있는 동일성들을 추구하는 형이상학이었다. 이 동일성들은 배후-세계라는 가상을 따라야만 나타날 수 있는 것일 뿐이다. 형이상학에 대한 칸트의 비판은, 연옥에 머무르고 있는 위대한 철학자 베르그송의 반反칸트적 메시지에 의심할 여지 없이 합류한다. 베르그송에 의하면, 영원한 것의 절대적(또는 초월적) 질서를 탐구하는 서양 철학의 행보는 물질과 공간에 대한 행위를 의도하는 기술 정신의 왜곡된 변형에 불과했다. (이는 힘에의 의지를 기반으로 삼은 형이상학에 대한 하이데거의 비판을 부지불식간에 예비하는 것이었다.) 이러한 비판의 핵심 요점은, 적어도 그 정신에 있어서는, **존재**와 **존재자**의 존재론적 차이에 대해 오인하는 형이상학을 비난하는 차원에서, 또한 존재자로부터 존재를 사유하는 사변을 몰아내는 차원에서 이루어지는 하이데거의 형이상학의 종언이라는 저 유명한 선언을 재발견한 것이기도 하다. 칸트부터 하이데거에 이르는 형이상학 종언의 진정한 의미는, 주어진 것 너머를 사유한다는 것이 더 이상 주어진 것의 연장선상에 감춰져 있으며 형이상학적 사변으로 발견되어야 할 비밀스럽거나 성스러운 존재들 혹은 원리들의 우주적 **현전**이나 **영원성**을 밝혀내는 일로 귀착되지 않는다는 점을 긍정하는 데 있지 않은가? 초월 자체, 형이상학의 **메타** 자체를 무의미하다고 비난하는 것으로 충분한가? 그리고 만약 초월의 타자성 혹은 초월의 저편이 단순히 시선에 의해 드러내야 할 은폐가 아니라, 영지주의적 앎gnosis **과는 전적으로 다른 정신적 얽힘**을 따라 인식 가능한 무-관심하지-않음non-in-différence 이라면!

앎을 따르는 것과는 다르게

나는 근대 철학에서 이 새로운 얽힘이(존재론과 앎으로의 회귀가 어떤 것이건, 또 그 퇴보가 어떤 것이건 간에) 우리 철학의 역사 전체에서도 드러난다고 제안하고 싶다. 이는 특히 칸트에게서는 실천이성의 우위성 이론으로 시작한다. 별 이유 없이 연옥의 깊은 곳에 있는 사람을 불러내고 싶지 않지만, 베르그송에 대해서도 몇 마디를 보태고자 한다. 베르그송은 앎에서 끌어온, 곧 현전, 존재와 존재론의 우선적 의미에서 끌어온 정신성의 틀을 문제시하는 운동에서 필수적인 단계를 점한다. 오늘날 잊을 수 없는 것을 잊어버리기에 이른 교양 있는 대중에게 여전히 일상적 삶의 시간과 내적 삶의 시간, 즉 지속 사이를 구별하는 베르그송적 구별을 소개할 필요가 있을까? 한편으로는 본질적으로 과학의 시간으로 남게 될 상식적 시간, 우리의 시계로 측정할 수 있는 시간, 운동의 수치로 이해되는 아리스토텔레스의 시간, 즉 보통 시계로 하든, 물시계로 하든 간에 시간 측정기에 의한 공간적 표현과 측정을 따라 접근할 수 있는 시간이 있다. 그리고 다른 한편으로는, 이 변화 아래에서 그 어떤 동일한 기체도 찾을 필요가 없는 순수한 변화인 지속이 있다. 끊임없이 새로움이 분출하는 것 자체. 새로운 것의 절대적 새로움. 의식의 동화작용으로 환원되지 않는 초월의 정신성. 새로움들의 끊임없는 분출은, 정확히 앎 너머에서, 그 절대적이고 예측 불가능한 새로움으로 말미암아 의미를 만들어낼 것이다. 베르그송이 적고 있듯이 "철학자 중 대부분"이 시간의 "잇달음을 실패한 공존으로, 그리고 지속을 결핍으로", 그리고 움직이지 않는 영원성의 운동 이미지로 "취급한다". "이로부터 그들은 무엇을 하든 예측 불가능성의 근본적 새로움을 표상하는 데 도달하지 못하게 된다."* 인식 가능성의 새로운 방식이 지식을 통해 체계를 포괄하고 조직하는 의식에 대항하여, 균등화하고 환원하려는 경향에 대항하여 제시된다. 지속의 분출은 논리에 앞서는 인식 가능성의 지평들을 그려낼 것이다. 시간성 자체가 여기서 초월로서, 즉 모든 경험과 무관하게 그 사유 아래에서 절대적 새로움의 타자성이, 그 어원적 의미에서의 절대가 터져 나오

---

*   레비나스는 이를 《사유와 운동》에서 인용한 것으로 보이는데, 베르그송의 정확한 말은 다음과 같다. "그들은 잇달음을 실패한 공존으로 취급하고, 지속을 영원성의 결여로 취급한다. 이로부터 그들은 무엇을 하든 근본적 새로움과 예측 불가능성을 표상하는 데 도달하지 못한다." Henri Bergson, *La Pensée et le mouvant: essais et conférences* [1934], treizième édition (Paris: Presses Universitaires de France, "Quadrige," 2009), 10. (《사유와 운동》, 이광래 옮김, 문예출판사, 1993)

는 그러한 사유로서 예고되는 것이 아닐까?*

베르그송이 거기까지 나아가는가? 그는 지속 뒤에 앎을 도입하지 않는가? 그는 '지속의 직관'을 언명하면서, 경험의 작용을 대체하는 지속보다는 경험된 지속에 대해 말하고 있지 않은가? 그런 것으로 보인다.

---

* 절대, 곧 프랑스어 absolu는 라틴어 absolutus에서 유래했으며, 이는 absolvere의 과거분사형이다. '~로부터'를 의미하는 접두어 ab-와 '풀다', '해방하다'를 의미하는 solvere의 합성어다. 이 점에서 '절대'라는 말은 다른 것으로부터 풀려나서 독립적으로 있는 것을 의미한다.

종교로서의 사유

그런데 우리는 사유 아래에서 의식과는 다른 무엇을 찾을 수 있는가? 그리고 모든 초월적인 것을 내재성으로 환원하지 않으며, 초월을 이해하면서도 훼손하지는 않는(타자를 동일자로 동화시키는 것도 아니고, 타자를 동일자에 통합시키는 것도 아닌) 것을 추구하는 사유란 결국 무엇인가? 이에 더 이상 〔앎의〕 관계로 구축되지 않는 사유가 있어야 할 것이다. 즉, 사유된 것의 지배 속에서 사유하는 자와 사유된 것의 관계로 구축되지 않는 사유, 노에시스와 노에마 사이의 엄밀한 대응에 구속되지 않는 사유, 진리의 직관 속에서 지향에 응답해야 할 보이는 것의 충전성에 얽매이지 않는 사유가 있어야 할 것이다. 이제 **봄**과 **봄의 향함**에 관한 은유조차 더는 그 정당성을 갖지 못할 사유가 필요하지 않을까?

　불가능한 요구다! 행여 이러한 요구들이 코기토의 유한성 안에 담을 수 있는 것 너머를 사유하는 관념, 바로 데카르트가 우리 안의 무한 관념이라고 불렀던 것에 호응하지 않는다면 말이다.

무한의 관념은 (비록 그 관념이 수학적 의미와 용법으로부터만 명명되고, 인식되며, 어떤 방식으로든 작동해온 것일지라도) 반성을 위해 이미 종교적 계시 속에 맺어진 역설적 매듭을 보존한다. 처음부터, 이러한 종교적 계시는 그 **구체성** 속에서 인간들에 대한 의무(이웃 사랑으로서의 신 관념)와 연결되며, 이러한 '열림' 속에서 스스로를 제시하는 동시에 절대적으로 타자이거나 초월적인 자로 남아 있는 신에 대한 '인식'이다.

종교는 무한이 진리와 신비의 양의성 속에서 관념에 도래하는 (그럼에도 전혀 우연적인 것으로 여겨지지 말아야 할) 원초적 상황들의 결합이 아닐까? 그렇다면 무한이 관념에 도래하는 것이 과연 **인식**connaissance의 사실, 즉 **내재성**의 질서를 수립하는(또는 재수립하는) 것을 본질로 삼는 현시라고 확신할 수 있는가? 특히 (어떤 공통된 합의와 아마도 존경할 만한 전통이 인정하려 하듯이) 내재성이 **정신적 에너지의 최고 은총**이며, 신의 계시가 하나의 탈은폐이고 **진리의 충전성** 속에서, 또한 사유하는 자가 사유된 것에 대해 행사하는 파악 속에서 완성되며, 그리하여 의미 또는 인식 가능성은 그 어원적 의미에서 하나의 경제, 즉 집, 자기 집의 경제, 어떤 투자, 붙잡음, 소유, 자기만족, 향유의 경제라고 확실하게 말할 수 있는가?

우리 안의 무한 관념

예외적 관념이자 유일무이한 관념인 무한의 관념은 데카르트에게 신에 대한 사유다. 무한의 관념에 대한 현상학에서 이러한 신에 대한 사유는 주체의 의식 작용으로, 순수하게 주제화하는 지향성으로 남김없이 환원되지 않는다. 항상 '지향적 대상'의 척도에, 지향적으로 그렇게 **사유된 대상**ideatum, 관념의 대상의 척도에 머물며 대상을 장악하는 관념들이나 사유가 세계를 점진적으로 **파악하는** 관념들과는 대조적으로, 무한의 관념은 사유가 스스로 담을 수 있는 것보다 더 많은 것을, 그 코기토의 능력을 넘어 더 많은 것을 담을 것이다. 무한의 관념이 지녀야 할 '지향적 상관자'와 관련지어보면, 무한의 관념은 경로에서 이탈할 것이며, 종국적 목적에 가닿지도, 도달하지도 못하며, 정확하게 말해서 유한한 것에, 하나의 항에, 종결점에 이르지 못할 것이다. 확실히, 한편으로 여전히 목적성에 속할 지향적 향함의 목표 도달 실패라는 순전한 실패와, 다른 한편으로 모든 끝과 목적성 저편으로의 이탈 또는 초월을 구별해야 할 것이다.

이 초월은 절대에 대한 사유인데, 이는 하나의 종국적 목적으로서의 절대에 도달하는 것이 아니다. 만일 절대가 목적같이 도달 가능한 대상이 되면, 절대는 여전히 목적성과 유한성을 의미했을 것이다. 무한의 관념은 무의식이라는 부정적 개념을 따르지 않고, 아마도 가장 심원하게 사유된 것을 따르는, 존재로부터의 벗어남, 존재-사이에서-벗어남dés-inter-essement, **무사심성/탈이해관계**을 따라 의식에서 해방된 사유다.* 이는 앎이나 지각perception과는 달리, 존재를 장악하려 하지 않으며 존재 보존 노력conatus essendi에 예속되지도 않는 관계를 의미한다. 이러한 관계는 **구체적으로** 봄의 어떤 변형으로, 순수한 추상적 부정으로 생성되는 것이 아니며, 오히려 다른 인간과의 관계로서 윤리적으로 성취된다.

데카르트에 의하면, 인간의 유한한 사유는 완전성의 관념 및 신의 관념과 동일시되는 무한의 관념을 인간 자신에게서 끌어낼 수

---

*   무사심성과 탈이해관계를 병기한 것은 이 표현이 윤리적 의미를 지니기 때문이다. 접두사 dés-는 프랑스어에서 '벗어남', '제거', '반대', '부정' 등을 의미한다. intéressé는 '관심 있는', '이해관계가 있는'을 의미하는 형용사로 라틴어 interesse에서 유래했으며, '사이에'를 의미하는 inter-와 '존재'를 의미하는 esse의 합성어다. 문자 그대로 옮기자면, '사이에 있다' 또는 '관여되어 있다'라는 의미를 담고 있다. 그러므로 언어적으로 무-관심-성이나 탈이해관계로 번역할 수 있으며, 어원적 의미를 살리면 존재-사이에서-벗어남이란 표현이 더 정확한 것일 수 있다. 윤리적 의미를 강조한다면 무사심성이 가장 적합한 번역어일 것이지만, 이 이 맥락에서 레비나스는 존재 보존에 힘쓰는 존재들 사이inter-esse의 관계에서 벗어남dés-이라는 어원적 의미를 드러내고 있다. 결국 레비나스가 존재론적 이해관계로부터의 벗어남을 곧 타인에 대한 무사심성으로 이해하고 있다고도 해석할 수 있다.

없다. 오히려 신 자신이 그 관념을 우리 안에 넣어두었어야만 했을 것이다. 그리고 데카르트의 모든 관심은 이 신의 현존이라는 문제에 집중된다. 형이상학의 끊임없는 귀환! 그러나 이 무한의 관념이 어떻게 유한한 사유 안에 담길 수 있는지가 문제다. 유한한 사유 안으로의 무한의 도래나 강림 또는 수축은 어떤 경우든지 세계 내에서 앎의 지향에 적합한(또는 등가를 이루는) 대상의 직접적 주어짐이 아니라, 신이라고 지칭되는 것의 의미를 기술하는 하나의 사건을 명명한다.

무한의 로고스

그러나 무한의 관념이라는 예외는 정신적 삶의 각성을 함축한다. 이 정신적 삶은, 가장 편견 없는 분석이라 할지라도 앎이라는 측면에서 인간 사유를 검토할 때 발견하게 되는 노에마와 노에시스의 평행 관계나 순수한 상관관계로 환원되지 않는다. 이는 피에르 오방크가 강조했듯이, 신만이 그 자신의 유일한 신학자이자 자기 자신을 스스로 사유할 수 있는 유일한 존재이며, 이에 신학은 신에게만 가능하다는 아리스토텔레스적 논제를 전복하는 예외다. 이는 인간 사유가 바로 신학으로서 사유함을 보여주는 예외다! 그러나 이 신학의 로고스는 이론적 지향성과도, 코기토의 배타적 고립 속에서 주권적 자아의 초월적 통각의 통일성으로부터 확보되는, 곧 모아들이고 종합하는 자아의 지배로부터 확보되는 사유와 사유된 것의 충전성과도 다를 것이다. 이는 일반적으로 수용되는 사유의 현상학에 대해서 예외적인 것이다. 이 현상학에서 사유는 그 본질적 의미에서 정확히 무신론적이라고 할 수 있다. 사유가 자신을 채우고 만족시키는 사유된 것과 동등해지며, 경험의 모든 수동성이 불가피하게 의식의 능동성으로 뒤바뀌는 가운데, 자신에게 충격을 주는 것을 받아들이지만 결코 침해당하지 않는 의식의 능동성으로 전환되는 가운데 주어진 것을 파악한다는 점에서, 바로 무신론적이다. 여기서 사유는 **향함**도, **봄**도, **의지**도, **지향**도 아니다.

신의 관념이기도 한 무한의 관념 안에서, 타자에 의한 일자의 단순한 부정을 넘어서, 타자와 일자를 대립시키고 분리하는 순수한 모순을 넘어서, '나는 생각한다'로 이해되는 일자의 헤게모니에 타자를 노출시키는 것을 넘어서, 바로 무한에 의한 유한의 촉발이 생산된다. 이러한 촉발은 나타남이나 내용에의 참여 혹은 이해와는 다르게 기술되어야 할 것이다. 이는 무한에 의한 유한의 비가역적 촉발이다. 수동성과 인내는 주제화 안에 회수되지 않지만, 그 안에는 신에 대한 사랑과 경외(또는 데카르트가《형이상학적 성찰 *Méditation métaphysique*》에서 셋째 성찰의 마지막 단락에서 말한 경배와 경탄)가 있다. 이때 신의 관념은 철저히 촉발성 affectivité, **정감성***인데, 이는《존재와 시간》의 **정감성** Befindlichkeit으로 환원될 수 없다. 이 정감성에서는 세계 내 존재에 의해 촉발된 감정의 지향성 이면에 죽음을 향한 존재의 유한성에 관한 각자성 Jemeinigkeit 의 불안이 항상 배가된다. 환원되어서는 안 될 무한에 의한 유한의 촉발! 무한의 관

---

* 여기서 affectivité는 하이데거의 Befindlichkeit에 대한 프랑스어 번역어로 자주 사용되는 말이기도 하다.

넘 속에서, 신학적 촉발 속에서, 본래성으로 간주되는 코기토의 각자성과 그 내재성 바깥으로의 벗어남, 자신이 사유하는 것 그 이상을 사유하는(또는 사유하는 것보다 더 나은 것을 사유하는) 사유를 향한 벗어남. 그것은 선善을 향해 간다. 존재-사이에서-벗어난 dés-inter-essée 촉발성〔정감성〕 또는 욕망이란 것에서 사회적 근접성이라는 형태를 취하는 다원성은 일자의 통일성으로 수렴될 필요가 없으며, 더 이상 일치의 단순한 결여, 순수하고 단순한 통일성의 결함을 의미하지 않는다. 사랑의 탁월성, 사회성의 탁월성, '타자들에 대한 두려움'과 타자들에 대한 책임의 탁월성은 **나의 것인**, 나 자신의 죽음에 대한 나의 불안이 아니다. 초월은 더 이상 실패한 타자성이 아니다. 초월은 더는 단순한 지향이 아니라 이웃에 대한 책임인 사회성 속에서 정신의 고유의 탁월성을, 정확하게는 완전성 또는 선을 갖게 될 것이다. 모든 앎과 모든 내재성에 대립하는 이 사회성은 세계의 순수한 일부인 타자와의 관계가 아니라 **타자 그 자체와의 관계**다.

현상학을 한다는 것

이러한 경배의 촉발성과 이 눈부심의 수동성이 한층 더 심화된 현상학적 해석을 수용할 수 있다는 것, 또는 이 촉발성과 수동성이 처음부터 타인의, 곧 내 이웃의 타자성의 상호 인격적 질서와 타인에 대한 나의 책임 앞에 처음부터 자리매김한 분석에 합류할 수 있다는 것, 이 모든 것은 분명 데카르트 텍스트의 범위에 속하는 것이 아니므로, 우리는 이 쟁점을 여기서 더 전개하지 않을 것이다.

    그런데 현상학을 한다는 것은 단지 은밀한 대체, 미끄러짐, 그리고 의미의 치환에 맞서 추상 속에서 혹은 고립 속에서 위협받는 언어의 의미화를 보증해주는 것만이 아니다. 또한 단지 언어가 가려버리고 망각하게 만드는 사유를 탐문하여 언어를 통제하는 것만도 아니다. 현상학을 한다는 것은 무엇보다도 추상적으로 주어진 것의 최초의 '지향' 주위에서 열리는 지평들 속에서 인간적(또는 상호 인간적) 얽힘intrigue을 탐구하고 환기해내는 것이다. 이때 얽힘은 사유되지 않는 것의 구체성이며(이는 순수하게 부정적인 것이 아니다!), 말과 명제들의 **말해진 것** 속에서 추상들이 떨어져 나온 필연적인 '미장센'이다. 현상학을 한다는 것은 인간적 또는 상호 인간적 얽힘을 궁극적 인식 가능성의 직조물로서 탐구하는 것이다. 그리고 이것이 아마도 하늘의 지혜가 땅으로 돌아오는 길일 것이다.

초월적인 것의 인식 가능성

무한의 관념을 그 수동성에 있어서 자기 자신에게만 몰입하고 무한 관념을 포괄할 수 없는 인간성의 불확실성의 영역으로 이해할 수도 있을 것이다. 이렇게 이해하는 것은 신에 의한 타격을 유한성의 임시방편적 궁여지책에 불과하다고 보는 것으로, 이는 타자성과 초월의 환원 불가능한 근원성에 대한 몰이해이자 윤리적 근접성과 사랑에 대한 순수하게 부정적인 해석일 것이다. 마치 소유나 융합(지향적 의식의 이상)이 정신적 에너지를 고갈시키는 것처럼, 언급한 것들을 내재성의 용어로 말하려는 고집일 것이다. 무한의 근접성과 그것이 수립하고 명령하는 사회성이 **통일성의 일치**보다 더 나을 수 있다는 것, 비록 비참함에 대한 진술로 다시 떨어지지 않고자 풍요로움의 용어로는 말할 수 없다 해도 사회성은 그 다원성 자체로 인해 환원 불가능한 탁월성이라는 것, 타자와의 관계나 타자에 무관심하지 않음이 타자를 동일자로 전향시킴으로 이루어지지 않는다는 것, 종교가 존재 '경제'의 계기가 아니라는 것, 사랑이 반≠신*에 관련한 것이 아니라는 것. 이것이야말로 또한 신학이나 초월적인 것의 인식 가능성으로 이해된 인간의 인간성 또는 우리 안의 무한 관념이 의미하는 것이다.

    그런데 아마도 이 신학은 무한에 의해 상처 입은 존재의 유한성이 앎의 헤게모니적이고 무신론적인 자아 속에 모여들기 전에, 불면으로의, 깨어 있음으로의, 그리고 정신적 삶의 불안한 경계 상태로의 각성 그 자체 속에 이미 고지되고 있는 것인지도 모른다.

---

*   통상 반신은 어떤 것이 함축하고 있는 한계나 불완전성, 결여로 존재하는 분열된 자웅동체의 신 같은 것을 의미하는 말이다. 레비나스는 참된 사랑이나 타자와 나의 관계가 결여나 결함을 채우는 것이 아니라는 것을 강조하기 위해 반신을 비판의 대상으로 거론하고 있다.

에마뉘엘 레비나스와의 대화*

* (원주) 이어지는 대담에서는 성서에 대한 유대교적 접근에서 사용되는 히브리어의 주요 용어들이 이따금 언급된다. 유대교의 성서 주해에 익숙하지 않은 독자를 위해 해당 용어들에 대한 간략한 해설을 덧붙인다.

미드라쉬midrach: 매우 미묘하고 다양한 해석 방식을 통해 본문의 의미를 탐구하고 그 의미를 끌어내는 성서 주해 작업을 뜻한다.

하가다haggadah: 랍비 문헌의 논의에서 시, 우화, 설화, 비유와 같은 이야기 형식을 통해 가르침을 전달하는 서사적 주석 양식으로 율법의 구체적 적용을 명확히 설명하는 규범적 주석 양식인 할라카halakhah와 대조된다.

미쉬나Michna: 여러 세대의 랍비들(탄나임tannaim, '교사들')에 의해 법전화되고 전승된 유대 율법 모음집으로 2세기 말경에 완성되었다.

게마라Guemara: 미쉬나의 해석에 관한 후대 랍비들(아모라임Amoraim, '조력자들')의 **보충적** 주해 작업과 논의를 모은 것이다. 탈무드는 미쉬나와 게마라를 함께 모은 것이다. 탈무드는 팔레스타인(j) 또는 바빌로니아(b) 편집본에 따라 인용되며, 논고의 제목과 페이지 번호를 언급하여 인용된다. 예를 들어: b. 메길라("에스더의 두루마리") 9a 페이지와 같은 식이다(편집본에 대한 언급이 없으면 바빌로니아 탈무드를 의미하는 것으로 간주한다).

장 알페랭 어젯밤 강연에서 선생님은 현전을 존재의 절대적 자치권 속에서의 노출, 어떤 빈틈도 없는 집합이자 공시성이라고 하셨고, 이어서 한 문장의 전환점에서 과거와 미래가 현재의 퇴행이라고 말씀하셨는데요…….

레비나스 앎에 대한 이러한 편애 속에서, 과거와 미래는 어느 순간 우리로부터 빠져나가는 것을 다시 회수하는 방식으로 해석되고 느껴지기까지 하는데 이는 언제나 통일성의 체계 속에서 공존을 재정립하려는 시도와 관련합니다. 저는 반대입니다! 이런 시간성의 양태들을 열등하거나 퇴행하는 성질을 표현하는 것으로 규정하고 싶지 않습니다. 저는 이러한 앎에 대한 편애에서는 과거와 미래가 언제나 상상, 기대, 회상(이는 사유의 본질적 기능 중 하나로 남습니다)을 통해 우리가 회수한 현재에 속하게 된다고 말했습니다. 그런데 제게 이런 것은 시간의 진리가 아닙니다. 제가 이 현전에 대한 파악을 대체하여 제시하려는 것은 오히려 시간의 통시성입니다. 저는 정확히 내재성이 정신의 최고 선물이 아니라는 점을 종종 보여주고자 했는데, 이는 미래가 단순히 도래하는 것만은 아니라고 생각했기 때문입니다. 반대로, 제가 베르그송에게 감탄하는 것은 그가 이러한 시간 해석과의 단절을 공언했다는 데 있습니다. **지속 그 자체는 '새로움'으로의 접근**이 될 것이며, 이는 현전이 어떤 방식으로든 시간성을 흡수하거나 포괄하는 지속에 대한 의식화라는 '보충물'과 같은 것을 상정할 필요가 없다는 의미입니다. 물론, 베르그송이 언제나 역설적이지만 확고한 언어를 도입하는 것은 아닙니다. 그에게 새로움은 지속에 대한 직관 **속에서** 주어집니다. 그런데 직관은 봄이 아니고, 새로움이 벗겨진 새로움, 더는 타자가 아닌 타자성에 접근하는 무언가에 대한 현전은 아닐까 하는 생각이 듭니다. 우리는 앎의 언어에 매우 익숙해져 있어서 현전을 단절하는 것에서도 앎의 용어로 말하곤 합니다. 베르그송의 가르침을 올바르게 이해하기 위해서는 의식적으로 파악해야 할 어떠한 **경험**에도 의존하지 않고, 지속의 통시성 자체를 통해 의미를 생성하는 **새로움**에 주목해야 합니다. 또는 시간의 불일치 속에서의 일치를 통해 의미를 생성하는 **새로움**에 주목해야 하지 않을까요? 혹은 새로움의 **경험**에 관해 이야기하고자 한다면, 지속 자체가 그러한 경험이며, 어떤 식의 나타남에 대한 관조가 부과될 필요 없는 새로움으로의 접근이라고 말해야 하지 않겠습니까? 이러한 새로움의 의미, 그리고 도래함을 통해서는 소진되지 않는 미래의 의미에 대한 접근을 시간의 예-언 pro-phétie*이라고 할 수는 없을까요? 이때 시간의 예-언이란, 그 흐름이 회상에 의해 붙잡히고 기대나 상상으로 인해 예견된다고 해서 궁극적인 또는 생생한 은유가 되는 그런 시간은 아닐 것입니다. 시간의 지속 자체로서의 예언은 환시자들이나 점쟁이들의 전망과는 다른 예언이며, 시간의 신-에게로à-Dieu (시간의 영감으로서) 그리고 신학적 '얽힘'의 모든 윤리적 국면과 함께 이해되어야 합니다. 저의 연구는 바로 다음과 같은 지점에 있습니다. 이러한 반성은 예언이 미래의 구체성이며, 윤리와 분리될 수 없는 이 미래가 현재보다 신에 대해 더 많이 '알고 있다'고 말하려는 시도(또는 적어도 유혹)입니다. 이는 더 발전시켜야 할 주제입니다. 이 주제는 후설에게는 매우 명료했던 다음과 같은 것에 대한 이의 제기입니다. 후설에게 과거와 미래는 '파지된' 또는 '예지된' 현전에서부터 그려졌고, 이에 과거와 미래는 현재 안에 더는 현전하지 않는 것을 대체하는, 사유할 수 있는 것으로 여겨졌습니다. 하지만 이러한 대체의 '신비' 속에 바로 시간의 시간화 전체가 은폐되고 있는 것입니다.

다만 여기서 멈춥시다! 출판되지 않았거나 아직 연구 중인 것에 대해 이렇게 언급하는 것은 언제나 편리한 법이지요……. 이

---

*   pro-phétie는 '앞에, 앞서, 미리'를 의미하는 그리스어 접두어 πρo-(pro-)와 '말하다, 선언하다'는 의미의 그리스어 어근 φημί(phēmí)를 그 어원으로 삼는다. 레비나스가 사용하는 이 말의 의미를 고려하자면, pro-phétie는 미래를 예측하는 말이라기보다 시간성의 차원에서 고찰되어야 할 것이다. 미래 안에서 결코 소진되지 않으며 단순히 현재로 환원될 수 없는 시간성을 그는 '예-언'이라는 말로 표현하고 있다.

런 것이 때로는 방향을 제시할 수 있다고 해도요! 사실, 베르그송 (그의 지속 개념)에서 우리는 이러한 새로움의 관념뿐만 아니라 시간을 통한 인식 가능성도 발견합니다. 시간은 의미 있는 것에 관한 인식 가능성일 것입니다.

다비드 바농   하지만 《존재와 달리 또는 존재성을 넘어》에서 발전시킨 "예언" 개념에서, 선생님은 그것의 전망vision 이나 신탁oracle 의 측면을 거부하고 "우리 안에 심어진 관념"이라는 양상을 강조합니다. 다시 말해 시간과 무관한 양상, 은밀하게 들어오는 무언가를 강조하시는 것 같습니다만…….

레비나스   만일 제가 예언이 신탁이라고 말한다면, 이는 예언을 미래를 봄이라는 것으로 만드는 것일 테지요. 하지만 저는 전혀 그렇게 생각하지 않습니다. 예언이라는 개념 속에 미래에 대해 그렇게 언급하는 대목이 있기는 합니다만, 그렇다고 해서 미래가 이미 그 현전을 '기다린다'는 식의 시간의 선상으로 전환되는 것은 아닙니다. 저는 또한 우리의 종교적 언어, 우리의 모든 종교에서 흔한 용어인 '신의 현전'에 대해 이야기할 때도 곤혹스러운 마음을 가지고 있습니다. 저는 '현전'이라는 것이 신에 관한 근원적인 인식 가능성이라고 생각하지 않습니다.

마르크 페슬러   그렇다면 계시Révélation는 어떤 의미로 있는 것입니까? 저는 선생님의 최근 저서 《관념에 도래하는 신 *De Dieu qui vient à l'idée*》이라는 제목에 큰 인상을 받았습니다. 이 제목에는 '관념'이라는 단어가 중심에 있습니다. 그런데 저는 선생님의 철학적 반성이 단지 합리성의 원천에만 근거하는 것이 아니고, 경험적인 것을 파악하는 독창적인 방식들을 탈무드적 원천에서 길어 올린다는 느낌을 받았습니다. 따라서 제 질문은 이렇습니다. 계시의 근원에서는 초월이 (선생님께서 설명하신 그러한 양태들하에서) 수수께끼로서, 또한 근본적인 줄거리 구성으로서 스스로를 내어주는 것인가요?

레비나스 '합리성의 원천'이라는 표현은 무엇을 의미하는 것인가요? 선생님에게 그것은 현전, 곧 자신을 준다 se donne 는 것을 의미하는 것인지…….

마르크 페슬러 그보다는 사유의 노력으로서…….

레비나스 저는 우리 앎의 논리 범주 체계를 포괄하는 개념으로서의 합리성에서 출발하지 않고, 이 개념을 확장하고자 합니다. 저는 인간이 모든 체계 이전에 머무르게 되는 의미 있는 것에서 출발합니다. 저는 의미 있는 것이 근원적으로나 배타적으로 앎에서 표현된다거나, 의미 있는 것의 장소 자체가 앎이라는 인상을 갖고 있지는 않습니다. 타자에 대한 의무 안에 의미가 있습니다. 물론 그런 의미 이후에 오는 반성 속에서 그것이 하나의 지식이 되고, 철학 자체가 지식이 된다고 하더라도, 지식 안에 있는 의미라는 지위가 의미의 고유하고 근원적인 양태라는 것을 의미하지는 않습니다. 만약 여기에 합리적 규약이나 규제를 적용한다면, 그것은 확실히 합리적이지 않습니다. 그러나 저는 반대로 의미에서 출발하여 합리적인 것을 다르게 사유할 수 있다고 말합니다. 그리고 저의 시도는 (만일 여기서 관계라는 말이 적절한 것이라면) 타자와의, 얼굴과의 관계에 대해 말하는 것입니다. 바로 이 관계에서 '신이 관념에 도래한다'는 것, 이 관념에 온다는 것(이 하강)이 얼굴에 의한 자아-의-호명interpellation-du-moi에 해당하며, 이는 단순한 **나타남**apparaître이나 경험과는 구별됩니다. 바로 여기서 저는 처음으로 신이라는 단어를 마치 한 존재를 명명하는 것처럼 사용합니다. 만일 이런 의미 있는 것이 특정한 논리적 또는 심리적 규약을 따라 강제적으로 부과된다는 데 여러분이 이의를 제기하신다면, 저는 전적으로 인정합니다. 그러나 의미 있는 것은 여기서 시작되지 않을까요? 이것이 어제 제 강연의 전체 주제였습니다. 아마도 설득력이 없을지도 모르겠습니다만, 이것이 제가 말하고 싶었던 전부입니다! 제 발표 끝부분에, 저는 정신적인 것이 근원적으로 신학적인 것이라고 말하면서 지금 제가 정식화하는 바를 긍정할 수 있을지를 자문했습니다. 정신적인 것을 말하기 위해 저는 불면 또는 깨어 있음 또는 경계하기와 같은 단어로 거슬러 올라갑니다. **헤게모니적** 자아가 나타나는 앎이 정신적인 것의 가능성 중 하나이지만, 앎이 있으려면 정신적인 것의 각성이 이미 있어야 합니다. 그리고 각성을 말하기 위해, 저는 **무한**이 유한 안에 깃든다고 한 데카르트로 거슬러 올라갑니다. 저는 더 높이 거슬러 올라갈 수는 없습니다. 저는 언젠가 〈의식에서 깨어 있음으로 *De la conscience à la veille*〉라는 논문에서 이에 대해 이야기한 바 있습니다…….

마르크 페슬러   선생님은 어느 지점에서 후설에 관해 말씀하시는지…….

레비나스   네, 저는 거의 언제나 후설과 더불어 또는 후설에서 시작합니다만, 제가 말씀드린 것은 더는 후설 안에 있는 것이 아닙니다. 제가 후설보다 더 영리해서가 아닙니다. 이는 제가 후설의 《데카르트적 성찰》의 제5 성찰에서 매우 난처한 느낌을 받기 때문입니다. 그 대목은 저에게는 그 자체로 제대로 운용하는 것으로 보이지 않습니다. 명시적이지 않은 전제들이 여전히 남아 있거든요……. 후설이 나의 신체적 현전과의 유비를 통해 다른 자아를 연역함으로써 구성할 때, 이미 여기서 무언가와의 연합이라는 작용이 개입하는데, 이는 특히 나와 타자가 갑작스럽게 후설이 '초월적 짝짓기'라고 부르는 것 안에서 나타날 때 '유사성에 의한 연합'으로 다루어집니다. 이 연합은 상당히 애매합니다. 모든 가능성 중에서 내가 다른 얼굴과 연합하는 방식은 두 이미지의 유사성에 있는 것일까요? 여기에는 이미 내가 사회적으로 타자에게, 타자의 얼굴에 관련되어 있다는 사실이 있지 않은지요? 어떤 식으로건, 거기서 단순한 유사성이라는 의미에 균열이 납니다. '정신적인 것에서의 각성'이 일어나는 시간과 더불어 우리는 매우 오래된, 신학적인 어떤 것에서 닿게 됩니다. 동물의 정신적인 것이 이미 신학이 아닐까요? 이는 추문과도 같을 테지요. 그렇지 않습니까? 하지만 성서에서 인간은 이성적 동물이 아니고, 신을 닮았다고 하는데…… 이것은 전혀 아리스토텔레스적이지 않습니다! 그리고 유대인의 아침 기도는 일련의 축복으로 시작하는데, 그 첫 번째 기도가 하느님께서 수탉에게 낮과 밤 사이를 구별하는 식별력을 부여하신 것에 감사드리는 것이라는 점을 아시는지요?

마르크 페슬러 그렇다면 성서는 어떤 점에서 계시입니까?

레비나스 실정 종교들 positive religions*은 스스로를 지식이라고 합니다. 그러나 실정 종교가 항상 신자들에게 그런 지식으

---

* 실정 종교實定宗教는 근대 종교 철학 이후 널리 사용된 개념으로, 본래 칸트와 헤겔에게서 등장하며 독일어 positive religion의 번역어이다. 특히 헤겔의 종교 철학에서 자주 언급되는데, 실정 종교란 역사 속에서 구체적으로 제도화된 종교를 의미한다. 이런 종교는 오랫동안 벼려낸 종교 의례와 제도, 신자들의 종교 습속을 법적이고 규율화된 형태로 보존한다. 적어도 근대화된 삶에서는 이런 실정 종교가 미신이나 풍습으로서의 종교적 삶보다 더 종교의 현실성을 잘 반영한다고 간주할 수 있다. 왜냐하면 대부분의 사람들은 역사적으로 발전된 이런 제도 종교에 속함으로써 자신의 종교적 삶을 유지하기 때문이다.

로 고백되는 것은 아닙니다. 신의 율법은 계시입니다. 왜냐하면 '너는 살해하지 말라'고 선언하기 때문입니다. 나머지 모든 것은 아마도 그 명령을 사유하려는 시도일 것입니다. 확실히 이는 필요한 하나의 '무대화'이자, 그 명령이 '들려질 수 있는' 하나의 '문화'이기도 하겠고요. 적어도 저는 저 스스로 그렇게 말하려고 노력합니다. '너는 살해하지 말라'는 분명히 '너는 타자가 살 수 있도록 모든 것을 할 것이다'를 의미합니다.

저는 물론 선생님이 한 질문에 당혹감을 느끼지만, 아마도 저는 계시를 또한 하나의 텍스트를 읽는 방식으로, 항상 하나의 이전 텍스트로부터 텍스트를 읽는 방식으로 말할 기회를 갖게 될 것입니다.

볼로진의 랍비 하임이 쓴 《네페쉬 하하임 *Nefesh Hahaïm*》이란 책이 있습니다. 프랑스어로는 《삶의 영혼 *Ame de la vie*》이란 제목으로 1824년에 번역됐지요. 책과 저자 모두 탁월하지만, 전통 유대교 외부에는 잘 알려지지 않은 책입니다. 그는 이 책에서 토라를 연구하는 것은 신과 합일하는 것이라고 주장합니다. 랍비 하임은 여기에다 보충적으로 랍비 전통을 따라서 (틀림없이 단지 교훈담일 뿐이지만) 시나이산에서 주어진 토라 전체가 히브리 알파벳을 배우는 학생이 스승에게 묻는 순진한 질문들까지도 포함한다는 점을 상기시킵니다. 그러한 질문들조차 이미 계시의 필수 불가결한 표현을 이룬다는 것이지요! 토라 **연구**는, 일견 윤리적 법규와 무관해 보이는 하가다나 미드라쉬가 그러하듯 이미 그 자체로 토라의 일부를 이룹니다. 여기서 전승은 우화의 형식으로, 제가 계시 안에서 윤리의 우위성을 강조하며 재차 말한 바를 이야기합니다. 이렇게 전달된 모든 지식은 십계명과 동일한 '맛', 동일한 '향기'를 지니며, 동일한 목적을 향해 나아갑니다. 설령 그것이 단순한 이야기라 하더라도, 예를 들어 아브라함의 아내 사라가 얼마나 아름다웠는지를 말하는 이야기라 할지라도 그렇습니다. 제가 이 이야기를 들려드리겠습니다. 하가다 한 편은 아브라함이 이집트인들이 보지 못하게 사라를 숨긴 채로 이집트로 데려가고자 했던 이야기를 전합니다. 그녀가 너무나 아름다웠기 때문이지요. 아브라함은 사라를 한 궤짝 안에 숨깁니다. 세관에서 궤 안에 무엇이 들었냐고 묻자 아브라함이 답합니다.

"은이 들었습니다. 하지만 세금을 내겠습니다."
세관원이 의심합니다.
"실은 금이 들었습니다. 하지만 세금을 내겠습니다."
여전히 의심합니다!
"보석이 들었습니다. 세금을 내겠습니다."
"열어보시오!"
그 안에 있는 것은 사라였습니다. 그러자 온 이집트가 환하게 밝아졌습니다.

이 이야기는 '너는 살해하지 말라'는 명령과는 크게 동떨어져 있는 경이로운 이야기가 아닌지요!

다비드 바농   저는 선생님의 저작들에서 이중적 움직임을 식별할 수 있다고 생각합니다. 하나는 성서 메시지의 의미를 그리스어로 옮기려는 것입니다. 《구절 저편 L'au-delà du verset》에서 선생님은 칠십인역*이 미완의 작품이라고 말씀하셨습니다. 다른 하나는 선생님이 성서적 개념들(예를 들어 성스러움 개념이나 선택 개념)을 도입하여 철학적 언어를 전복시키려 시도하는 것으로 보였습니다. 이 두 움직임 사이에 역설이 있지 않습니까? 《존재와 달리 또는 존재성을 넘어》에서 선생님은 이 '존재와 달리'라는 것을 설명하기 위해서는 '달리 말하기'가 필요하다고 말씀하셨습니다. 이 '달리 말하기'란 그리스적 언어 속에 흘러 들어가야만 하는 것입니까?

레비나스   그리스어는 그 어휘와 문법을 넘어서 우리의 대학 언어입니다. 그러나 제가 프랑스 유대교 지식인 콜로키엄에서 마지막으로 논평한 탈무드 본문은 그리스어와 그리스의 지혜 사이에 차이를 두고 있습니다. 국가 문제에 관여할 때는 '그리스의 지

---

*   현존하는 가장 오래된 구약 성서 그리스어 번역 판본이다. 예루살렘 대제사장이 12지파에서 각각 6명씩, 총 72명의 학자를 파견했고 이들이 72일 만에 번역을 완성했다고 전해지는데, 후에 70이라는 숫자를 상징적으로 부여하여 칠십인역 Septuaginta/Septante, LXX으로 통용되었다. 70인의 학자가 각자 독립적으로 번역했는데, 그 내용이 일치했다는 신화도 전해진다. 다만 이 이야기는 신화적 전승에 불과하고 실제로는 기원전 3세기경 번역 작업이 시작된 후 여러 해에 걸쳐 다양한 학자가 참여하여 기원전 1세기경 작업을 완료했을 것으로 추정된다.

혜'를 숙지해야 합니다. 이 지혜는 마치 그 본질에서 정치적인 것처럼 보이지만, 원칙적으로는 이를 아이들에게 가르쳐서는 안 됩니다. 아이들에게는 그리스 '언어'를 가르쳐야 합니다. 이는 비록 일부 랍비 학자들이 직접적으로 알고 있었던 것이지만, 게마라 자체의 표현 방식과는 다른 또 하나의 말하기 방식입니다.

이제 철학적 언어에 성서적 개념들을 도입하는 문제에 관하여 말해보자면, 철학과 관련해서 제가 물론 아리스토텔레스부터 칸트와 헤겔에 이르는 고전적 범주들만을 사용하는 것은 아닙니다. 하지만 선택과 같은 개념은 대중적이거나 주술적인 개념이 아닙니다. 제 사유에서 선택은 개별화라는 개념을 대체합니다. 예를 들어 저는, 양도 불가능한 책임 속에는 선택을 통한 자아의 개별화가 있다고 말합니다. 타율성이 단지 노예 상태만을 의미하지 않는 한, 이 타율성의 복권을 시도하는 것이지요. 여기서 관건은 우선 이 타율성과 관련한 **타자**가 누구인지를 아는 것입니다. 저는 실제로 사유된 용어들의 내용이 어떤 형식적 필연성을 깨뜨릴 수 있다고 생각합니다. 성서에서 시사된 많은 개념은 형식 논리의 모순들이 규정하는 한계를 넘어서는, '더 강한' 인식 가능성을 도출할 수 있게 합니다. '달리 말하기'란, 모든 언어가 여전히 암시이며 방금 긍정된 것의 축소를 언제나 동반한다는 것을 어느 정도 의미합니다. 이는 단순히 말하는 자에게 확고함이 부족해서만이 아니라, **말해진 '것**dit 안에 있는 형언할 수 없는 측면 때문입니다. 그런데 이 형언할 수 없는 측면은 스스로를 뒤트는 언어 속에서 여전히 어떻게든 전달되고 있습니다.

제가 방금 언급한 탈무드 텍스트에 따르면, 히브리 성서는 그리스어로 번역되더라도 그 종교적 의도의 충만함을 보존합니다. 하지만 동시에 이 텍스트는 번역 불가능한 것이 있음을, 즉 본질적인 의미의 간극이 있음을 확인합니다. 탈무드 메길라 Meguilla 편 9a와 9b에 미드라쉬 형식으로 서술된 칠십인역에 의한 오경 번역이라는 역사적 사실과 그 전설이 담겨 있습니다. 번역자들이 (비록 영감을 받았고 기적적으로 일치했는데도 불구하고) 원문의 열다섯 구절을 수정했다는 내용도 있습니다. 이는 랍비들이 그리스어 번역 자체는 물론, 번역 과정에서 그러한 절차 내지 신중함까지도 용인해주었다는 것을 시사합니다. 그들에 따르면, 어떤 것들은 그리스어로 표현할 때 오해를 일으킬 수밖에 없습니다. 성서가 그리스어로도 그 진정성을 보존한다면, 전체 의미를 훼손하느니 차라리 온건한 부정확성에 기대서라도 번역하는 것이 낫습니다. 이 또한 '달리 말하기'입니다. 지금이 이러한 교정 작업 중 하나를 여러분에게 말씀드릴 좋은 때인 것 같군요. 창세기 2장 2절은 히브리어로 "하느님이 일곱째 날에 그의 일을 마치셨다"라고 읽히지만, 탈무드에 따르면 칠십인역은 "여섯째 날에"라고 번역했습니다. 번역자들이 우려했기 때문입니다. 그들은 창조 사역 자체에서 안식일 위반이 있었다고 믿게 만들고 싶지 않았던 것입니다! 이를 모르는 사람은 히브리어의 문자적 번역을 곧이곧대로 이해할 위험이 있습니다. 그리고 그리스어는 어쩌면 선입견 없는 정신에게 말을 거는 바로 그런 언어일지 모릅니다. 이 구절을 히브리어로 접하는 독자는 미드라쉬를 통해 이미 다음과 같은 점을 숙지하고 있습니다. 휴식 없는 세상, 자유 시간 없는 세계, 안식일 없는 세계는 아마도 여전히 철학자들이 **존재**라고 부르는 그런 세계일 뿐, 아직 성서가 말하는 **피조물**créature은 아니라는 것을요. 일하지 않는 일곱째 날이야말로 피조물을 피조물로 완전케 합니다. 이 피조물은 더는 존재의 돌발적 사건이나 존재론의 우연이 아닙니다. 안식일은 다른 데서 도래합니다. 안식일은 시간이나 역사의 단순한 한 단편이 아닙니다. 역사적 지속을 구획 짓는 휴식과 노동이라는 자연적 리듬이 아무리 존엄하다 할지라도, 안식일은 자연보다 더 오래된 것입니다. 이로부터, '구전 율법에 의해 미리 주의를 가다듬게 된' 성서 독자가 창세기 2장 2절을 읽으면서 또한 이해하게 되었을 주목할 만한 미드라쉬가 나옵니다. "이스라엘에게 안식일을 주시면서, 영원하신 분께서는 당신의 보고에 있는 보물 하나를 그들에게 내주셨다." 하느님의 보고는 세계의 창조 **이전**부터 있었던, 이미 **존재** 개념에는 결여된 그런 가치들을 간직하고 있지 않겠습니까?!

  제가 언급하고 있는 탈무드 페이지에 따르면, 번역자들이 히브리어 원문에 가한 수정 사항들이 모두 동일한 방식으로 정당화되지는 않습니다. 탈무드가 제시하는 열다섯 가지 '교정' 사례들에 대해서는 상세한 연구가 감행되어야 할 것입니다. 이 사례 중 단지 세 가지만이 현존하는 칠십인역 오경에서 실제로 발견된다는 점에서, 그 교정 사례들은 더욱 의미심장합니다. 그러나 아마도, 히브리어와 그리스어 사이에서 **달리 말하기**의 문제는 또한 단순한 어휘와 의미론적인 것의 불일치 효과가 아니라 오히려 성서가 읽기 속에서 겪는 두 가지 모험 속에서 전개되는 정신의 시련 그 자체일지도 모릅니다. 유대적 읽기에서, 인식 가능한 것은 정신의 경험이나 언제나 이미 지나간 말에서부터 그 윤곽이 드러납니다. 곧 전승과 갱신이 언제나 함께 가는 전통에서부터 말입니다. **예비적 태세와 무관하게 이루어지지 않는 읽기.** 이러한 본질적인 예비적 태세가 교조주의의 쓸데없는 편향성과 혼동되지 말아야 합니다. 선입견은 창조성 및 새로움에서 영원한 재시작의 비밀로 남아 있으며, 이는 아마도 계시를 따라 각인된 사유의 지울 수 없는 흔적일 것입니다. 그리고 다른 한편으로는 책과 사물에 관한 그리스적 읽기가 있는데, 이는 놀라울 정도로 선입견이라는 예비적 태세로부터 자유로운 정신의 지성입니다. 이런 읽기 방식 덕분에 상징들이 스스로 해독되고자 하며, 명석함 가운데서 스스로 말을 하고자 시도합니다. 이것이 우리의 학술적인 대학 언어가 된 것이지요. 분리할 수 없는 두 가지 모험!

다비드 바농   이런 의미에서 유대교에서 찾고자 하는 보편적 개념들을 넘어서서 유대적 특이성으로 나아가야 할까요? 이것이 선생님께서 유대적 특이성이라고 부르시는 것입니까?

레비나스   아니요, 저는 그렇게 말하지 않았습니다. 《구절 저편》에서 저는 무엇보다 해석학이 계시의 일부임을 보여주고자 했으며, 해석학을 통해 구절의 지양할 수 없는 의미로 돌아가야 한다고 했습니다. 그러나 동시에 매순간 그리스어로의 번역과 그것의 보편적 의미화를 시도해야 한다는 것도 보여주려 했습니다.

다비드 바농   저는 특히《구절 저편》의 마지막 부분인 〈동화 Assimilation와 새로운 문화〉라는 제목의 텍스트에 대해 생각하고 있었습니다.

레비나스   아, 그렇습니다. 그 글에서 저는 처음으로 그리스어에 대해 언급하며 칠십인역이 완성되지 않았다고 말했습니다……! 그러나 그 글에서 다루는 것은 창세기가 말하는 인류 역사 자체의 내용에 관한 것입니다. 어느 특정 시점까지, 곧 아브라함에 이르기까지는 성스러운 역사가 보편적으로 이어집니다. 아브라함부터 모든 것은 다르게 구조화됩니다. 보편성의 마지막 에피소드는 바벨탑이고요. 그 이후로 인간적인 것은 아브라함의 특이성에서부터 자신을 찾아갑니다. 이는 거기에 동참하고자 하는 모든 인간에게 열려 있는 특이성이지요.

에스테르 스타로뱅스키 선생님은 그리스의 지혜와 그리스어를 구분하셨습니다. 하지만 이것들을 분리할 수 있을까요? 어떤 면에서 지혜는 언어와 더불어 오는 것인데요…….

레비나스   이 구분은 탈무드 텍스트에서 이루어집니다.

또 이 구분은 미쉬나를 문서화하는 작업을 주재했던 랍비 예후다 하나시에게 귀속됩니다. 그리스어가 철학을 인도하는 정치적 술수에 의해 필연적으로 오염되었다고 볼 수는 없을 것입니다. 하나의 우화(역사적 사실이라기보다)가 "그리스의 지혜를 자기 아들에게 가르치는 자는 저주받으리라"는 말의 기원을 우리에게 가르쳐줍니다. 예루살렘에서 포위된 유대인에게 공격자들은 매일 아침 성벽에서 내려오는 바구니에 돈과 함께 도시를 보호하는 제물로 바쳐질 동물을 올려보냅니다. '그리스의 지혜를 배운' 어떤 사람이 공격자들에게 숫양 대신 돼지를 올려보내라고 조언합니다. 예루살렘의 성벽이 부정한 동물의 출현 앞에서 무너진 후, 도시는 적에게 함락됩니다. 그리하여 '그리스의 지혜를 자기 자녀에게 가르치는 자'를 저주하게 되지요. 이 우화는 여러 망각된 전제를 개입시킵니다. 확실히 그렇지만, 아마도 핵심은 하나의 체제와 국가를 전복시키는, 겉보기에 사소한 개입(한 동물을 다른 동물로 대체하는 것)이 지닌 '정치적 지혜'에 있을 것입니다. 혹은 의례에 대한 믿음을 이용하면서 의례보다는 **효율성**을 우선하도록 가르치는 자의 명철함에 핵심이 있을지도 모릅니다! 정치적 지혜. 권모술수와 배반의 지혜 말입니다.

에스테르 스타로뱅스키 단지 정치적인 것뿐인가요?

레비나스 예술의 배후에서도, 어떤 신화론의 배후에서도, 심지어 어떤 도덕의 배후에서도 그런 그리스의 지혜를 구분할 수 없는 것일까요?

에스테르 스타로뱅스키   어떤 합리화가…….

레비나스   이 지혜는 언어와 조화를 이루는 것처럼 보입니다. 하지만 이 지혜에 대한 비난이 객관적으로 정당화되지 않더라도, 그것은 탈무드 텍스트에서 드러나는 바입니다. 이 지혜와 정치 사이의 공모 관계도 마찬가지고요. 실제로 이 지혜는 정치권력자들과 교섭해야 하고, 외교와 술수에 익숙해지고, 효율성의 애매성에 익숙해져야 하는 자들에게 허용됩니다. 비난받는 것은 바로 가능한 모든 것이 언젠가 허용될 것이라는 그리스적 세계관입니다. 이는 특정한 '근대성'의, 그리고 무슨 수를 써서라도 어떤 것을 얻어내려는 효율성의 맹아입니다.

마르크 페슬러   그러면 선생님은 그리스적 지혜의 편에 있는 그리스도교도 거부하십니까?

레비나스   들어보시지요. 이 질문은 제 종교적 신조credo에 관한 물음을 여는 것 같군요! 저는 그리스도인이 아닙니다만……. 제가 보기에 그리스도교에는 분명 '그리스적 지혜' 혹은 그리스로부터 유입된 여러 요소가 있고, 특히나 서구 역사의 사실들 자체를 통해 드러나는, 복음적 가치들과 정치적 행위의 잔혹함이 서로 타협하게 되는 문제도 있습니다. 의인들과 성인들의 역사도 있고요. 당연히 그리스도교의 역사가 성스러움만으로 점철된 것은 아닙니다!

마르크 페슬러 외람된 질문이 아니라면, 이렇게 묻고 싶은데요. 그리스도인들이 '신약'이라고 부르는 것이 히브리 성서에 대한 그리스도론적 미드라쉬로 읽힐 수 있다고 생각하십니까? 왜냐하면 그리스도교 내에는 다양한 사상적 흐름이 있으며, 그중 개신교의 흐름은 아마도 다른 흐름보다 유대교 사상에 더 가까울 수 있기 때문입니다.

레비나스 제가 개신교와 가톨릭 사이에서 어떤 선택을 해야 할 처지에 있지는 않습니다. 가톨릭 그리스도교는 제가 결코 간과한 적 없는 위대함을 지니고 있으며, 개신교인인 제 친구들 대부분이 순수성에 지고한 중요성을 부여하는 것도 마찬가지로 위대한 것입니다. 교회사에는 제게 매우 중요하게 보이는 무언가가 있습니다. 즉 연속성, 교도권 magisterium* 사상(저는 이 사상을 두려워하지

---

* 가톨릭교회에서 주로 사용하는 용어로 교회가 그리스도에게 부여받았다고 간주하는 교회의 권위 있는 지도적 가르침의 권리와 내용을 뜻한다. 신학의 주요한 두 원천은 성서와 교회의 전승 또는 전통이다. 그런데 시대를 초월하여 이를 있는 그대로 적용하기 어렵기 때문에 교회의 권위 있는 해석이 필요하다. 이때 교회가 신자의 신앙과 삶에 적용할 수 있도록 성서와 전승을 구체적으로 해석한 일련의 가르침의 내용과 체계, 그 가르침의 행사 일체를 교도권이라고 한다.

않습니다) 등이 그렇습니다. 저는 양자를 차별하지 않습니다……. 선생님이 하신 질문의 핵심과 관련해서 말하자면, 오늘날 분명 선생님이 상정하신 방식으로 그리스도교 성서를 읽는 유대인들이 있습니다! 아마도 앙드레 슈라키가 좋은 예일 것입니다. 저에게는 이러한 독법이 낯섭니다. 하지만 오늘날 그리스도교와 관련해서는, 대화라고 말하지는 않겠습니다만(모든 이가 대화라는 말을 남용하니까요) 친족 관계에 있다는 의식 속에서 가능한 접촉이 있다는 점은 부인할 수 없습니다. 특히 우리의 공동의 성서를 알지 못하는 세계의 모든 지역, 제3세계의 그 광대한 인류와 마주했을 때의 친족 의식에서 말이지요. 에큐메니즘œcuménisme*이 나타나는 원인 중 하나는 수십억 제3세계 인류의 출현인데, 이 사람들의 눈에는 유대교와 그리스도교 사이의 논쟁은 같은 영적 가족에 속한 두 분파가 서로 대립하는 것처럼 보일 뿐입니다. 선생님의 질문은 외람된 질문이 아니라, 가까운 사이에서 나오는 질문입니다……. 제 답변도 그러하고요. 하지만 저는 구약 성서를 읽는 것처럼 신약 성서를 읽는 경험을 한 적이 없습니다. 구약 성서는 제게 아무런 부족함이 없는 책입니다.

---

*   그리스도교 내 다양한 교파 간의 일치와 협력을 추구하는 운동을 뜻한다. 함께 거주하는 세상을 뜻하는 그리스어 oikoumene (inhabited world, 거주하는 세계)에서 유래했으며 교회의 보편적 일치와 화합을 목표로 한다.

가브리엘 뒤푸르 저에게는 자신을 유대-그리스도인이라고 부르는 에스파냐 친구가 있습니다. 그는 마라노marrane 입니다. 에스파냐에서 개종당했지만 수세기 동안 자신들의 유대교를 위장하며 지켜온 유대인들의 후손이지요. 제 친구는 자신의 뿌리를 재발견하여 그 스스로 유대-그리스도인으로서 신약 성서를 읽고 있습니다!

레비나스 그리스도인 중 몇몇 사람은 유대-그리스도교라는 말 자체에 충격을 받습니다. 이 용어 속의 모순은 도대체 무엇을 의미하는 것일까요?! 물론 어느 정도의 반유대주의적 색채가 없지는 않지만 말입니다. 그럼에도 이는 하나의 현실입니다.

장 알페랭 저는 보편적인 것과 특수한 것의 변증법으로 돌아가겠습니다. 우리 유대인들은 계시의 영역에서도 어떤 형태의 특수성을 주장합니다. 그런데 《윤리와 무한》에서 선생님은 계시의 본질을 담고 있을 수도 있는 매우 위대한 문학 작품들이 있다고 말씀하셨습니다. 그렇다면 우리가 고수하는 이 특수성과 우리가 짊어지고 있는 이 보편성 사이의 이행은 그 위치를 어떻게 설정할 수 있을까요?

레비나스 어려운 문제입니다. 그러나 아마도 유대교에서 보편적인 것에 대한 의식은 **진리**에 대한 **모든** 이의 동의에서 시작하는 것이 아니라, 모든 이에 대한 책임에서 시작할 것입니다. 아마도 이런 방식으로 보편적 역사가 유대인의 역사 속에 반영되는 것이겠지요. 쉽지 않은 운명입니다. 또 이것에 대해 말하기도 쉽지 않습니다.

장 알페랭   강연의 서두에서, 선생님은 앎을 동일자와 타자의 관계로, 이 관계 속에서 타자가 자신의 낯섦을 벗어버리는 것으로 정의하셨습니다. "낯섦은 벌거벗겨진다"(15쪽)는 말을 명확히 설명해주실 수 있습니까?

레비나스   그것은 은유입니다. 실제로 나에게 나타나는 것, 즉 나의 세계 안에 나타나는 것은 절대적으로 나에게 열려 있으며, 그런 의미에서 더는 나에게 낯설지 않습니다. 그것은 내재적입니다. 내재성이란 곧 세계, 우리의 세계, 우리에게 주어진 세계이며, 거기서 타자는 그저 동일자일 뿐입니다. 신과 나의 관계에서는 이런 것이 어울리지 않습니다. 신의 초월과 나와의 관계는 신이 세계 안으로 들어오는 것과는 무관한, 초월 자체와의 관계입니다. 철학사의 소위 현상학적 전통이라 부를 수 있는 것에서, 내재성은 정신의 최고 은총으로 사유됩니다. 여기서 숨겨진 신은 단지 불완전하게 신일 뿐입니다. 어제 저는 초월자와의 관계가 단지 미완의 지식인지, 이성이 동등시하지 못한 것과의 관계로서의 종교가 그 자체로 고유한 탁월함을 갖지 않는지 자문했습니다. 저의 핵심 논지는 사회성이란 인식 안에서 성립하는 관계와는 전적으로 다른 관계이며, 사회성 자체가 타자의 얼굴인 신의 말씀의 명령을 받는다는 점을 긍정하는 데 있습니다. 따라서 사회성은(또한 이는 매우 중요합니다) 통일성의 하강*이 아니며, 신플라톤주의 전통에 속하지 않는 것입니다. 플로티노스는 자기의식적인 일자조차 이미 다자이며 이미 하강된 것이라고 가르치지 않습니까? 그런 사회성은 더 나아가 하강한 통일성에 불과할 것입니다.

장 보렐   그런데 다마스키오스는 이미 플로티노스주의의 이 측면을 거부했는데요…….

레비나스   맞습니다. 하지만 우리는 계속해서 사회성을 항들termes 사이의 불완전한 혼동 또는 불완전한 통일성의 구체화로 이야기합니다. 우리는 사랑 안에서 둘이 된다는 것을 계속해서 애석해하지만, 제 생각에는 바로 이 이원성이 가장 중요합니다. 융합으로 환원될 수 없다는 데 그 탁월함이 있습니다. 관계는 반드시 초월 그 자체와 맺어져야 합니다. 이 관계가 초월의 낯섦을 잃게 해서는 안 됩니다. 그 낯섦은 초월의 장엄함에 속하는 것입니다.

---

*   하강의 원어는 dégradation인데 그리스어 πόβασις의 번역어로 추정된다. 일자에서 흘러나와 멀리 떨어진 것을 악이라고 부른다는 점에서, '타락'이나 '퇴락'으로 번역하기도 한다. 하지만 이는 세상의 일반적 질서이기도 하다는 점에서 하강이란 용어로 번역했다.

가브리엘 뒤푸르 오늘날 우리는 차이를 가치 있게 보기도 하고 …… 또 종종 획일성을 중시하기도 하는데요…….

레비나스 저의 논점은 관계 그 자체에 관한 것입니다. 저는 관계라는 용어를 시간에 적용하는 데 이의를 제기합니다. 왜냐하면 관계는 여전히 그 항들의 절대적인 이념적 동시성을 전제하기 때문입니다. 그 항들은 관계 안에서 함께 존재합니다. 이것이 바로 제가 시간을 통시성으로 말하고자 하는 이유입니다. 관계의 항들을 분리하는 것이 바로 시간입니다.

하지만 여기서는 그리스도교에 관한 우리의 논의가 매우 중요하니, 그것이 간과되지 않기를 바랍니다. 이 점을 오해하지 마시길 바랍니다. 확실히 그리스도교에 관한 우리의 논의가 우리와의 근접성의 영역에 있습니다. 여기서 우리는 서로 이해하거나 적어도 대화할 수 있지만(제가 말씀드렸던 것으로 돌아가자면), 유대인들은 자신들의 감수성을 형성해온 구약 성서와 수 세기에 걸친 그 주석들에서 느끼는 것과 동일한 분위기 속에서 복음서를 느끼거나 읽을 수가 없습니다. 그리고 차이를 공식화하려 할 때, 우리는 종종 빈약함을 드러냅니다(당신에게는 이것이 부족하다……, 저것이 부족하다……는 식으로요). 또한 무엇보다도 예수의 인격이란 것이 있는데, 그리스도교 전통은 그와 유일무이한 관계를 맺고 있으며, 이는 랍비적 감수성이 가장 결여하고 있는 부분입니다. 아마도 역사의 과정에 있었던 박해와 연관되어 있기 때문일 것입니다. 십자가의 형상은 십자군이 지니고 있던 것이지요. 십자가에 못 박힌 이가 십자군을 명령했던 것입니다! 이러한 기억들은 매우 생생합니다. 거의 쇼아*에 대한 기억만큼이나 생생하지요……. 제 생각에는, 바로 여기에 진정한 차이가 있는데, 이는 사람들이 이념적 대립으로 환원하려는 시도보다 훨씬 더 깊은 차이입니다.

장 보렐   저는 그리스도교의 메시지 자체에 우리가 견디지 못하는 무언가가 있는 것은 아닌지 궁금합니다.《관념에 도래하는 신》에 실린 〈신과 철학 Dieu et la philosophie〉이라는 글에서 선생님은 이렇게 쓰셨습니다. "책임지는 나 Moi responsible 는 나 자신으로부터 나 자신을 비우는 일을 결코 그치지 못한다. 그 소진됨 안에서의 무한한 증대, 이 속에서 주체는 단순히 이 소진됨의 의식화가 아니라 소진됨의 장소이자, 사건, 말하자면 선함이다." 저는 이 대목을 읽으면서 그리스도인으로서 사유하지 않을 수 없었습니다…….

레비나스   예수 그리스도에 관한…….

장 보렐   케노시스**에 대해, 우리 전통에서 케노시스에

---

*   홀로코스트를 뜻하는 히브리어. 원래는 대재앙, 파괴, 황폐 등을 의미한다.
**   케노시스 kenosis/kénose 는 그리스어 κένωσις에서 유래한 말이다. '비우다', '비어 있게 하다'라는 의미의 동사 κενόω에서 파생한 것으로 보인다. 그리스도의 자기 비움(케노시스, Kenosis)은 성서에 명확한 근거를 둔 그리스도교의 핵심 신학 개념이다.

관해 말해온 모든 것에 대해…….

레비나스 저는 케노시스를 받아들입니다. 전적으로요.

장 보렐 선생님이 쓴 이 구절을 읽을 때, 저는 이보다 더 멀리 케노시스의 보편성으로 나아간 적이 없었습니다. 그런데 우리 그리스도인들은 이 모든 것을 그리스도의 인격 안에 객관화하여, 케노시스의 보편화하는 기능, 곧 각 신자 안에서 케노시스를 실현하는 기획을 완전히 가려버리기에 이르렀습니다.

레비나스 그것이 제가 이렇게 말하는 이유입니다. 차이를 찾으려 하면서는 빈약한 말을 하게 되지만, 유사성을 찾으려 하면 그때는 각자에게 타당한 것을 말하게 된다고…….

장 보렐 저는 여기서 우리가 선생님의 사유에서 핵심적인 지점에 도달한 것처럼 보이는데요. 이는 신앙 고백과 전통을 넘어 성서 자체의 여러 축 가운데 한 축이 되는 중심점입니다.

레비나스 전적으로 그렇습니다. 아시다시피, 케노시스 때문에 종종 유대교계에서 제게 반론을 제기하기도 합니다! 최근에 저는 아나와 anawah 라는 히브리어 단어를 번역해야 했는데, 이는 민수기 12장 3절에서 모세를 특징짓는 매우 중요한 용어입니다. 저는 이를 낮아짐humilité으로 번역했습니다. 그런데 논쟁이 일어났습니다. 어떤 이가 저에게 '겸손modestie'으로 해야 한다고 말했습니다. 그는 저에게서 케노시스를 감지했던 것입니다……. 우리는 사전을 찾아보았습니다. 매우 기초적인 방법이지만요. 아나와는 겸손으로 번역되어 있었지만, 낮아짐이라는 말 역시 아나와로 되어 있었습니다! 츠니우트tsniout 라는 말은 겸손을 의미할 수 있지만, 오히려 '정숙함pudeur'으로 번역되어야 하며, 메길라 13b에서 그것은 의인의 정의를 의미합니다. 하지만 이는 사실상 개념에 관한 논쟁입니다. 저는 케노시스를 옹호한다는 비난을 어느 정도 받고 있지요!

다비드 바농 에피파니épiphanie라는 말의 경우도 마찬가지입니다…….

레비나스 사람들은 말하지요. 타자의 얼굴이라고요. 하지만 저는 이웃의 얼굴에 대해, 아마도 그리스도인들이 그리스도의 얼굴에 대해 말하는 것과 같은 방식으로 말합니다……!

저 유명한 빌나의 가온Gaon de Vilna 의 제자이자 19세기 초 리투아니아 랍비인, 소위 볼로진의 랍비 하임이라고 불리는 분의 인물됨과 업적에 대해 제가 느끼는 존경심을 이미 말씀드린 바 있습니다. 1824년에 출간된 그의 유작《네페쉬 하하임》은 전통 유대교의 가장 놀라운 종합 작업 중 하나입니다. 그리고 더욱 중요한 것은 이 저작이 저명한 탈무드 학자이자 카발라주의자*의 작품이라는 것이며, 그의 유대교에 대한 비전은 어떤 관점에서 보더라도 우리 시대에 너무나 흔한, 때로는 겉보기에 화려하지만 오로지 불신만을 불러일으킬 뿐인 그런 주관적인 통찰들과 혼동될 수 없다는 점입니다. 제가 이 종합 작업을 여러분께 요약할 의도는 없습니다만, 그 책에서는 매우 주목할 만하게도, '나'라고 말하는 인간의 행위를 다른 사람들을 위해 책임을 떠맡는 것으로 해석합니다. 이 텍스트가 담고 있는 기도에 대한 관념에 관해서만 몇 마디 말씀드리겠습니다. 진정한 기도는 결코 **자기를 위한** 기도가 아닙니다. 사람은 진실로 언제나 다른 인간들을 위해 혹은 이스라엘을 위해 기도합니다. 박해 속에서 이스라엘이 겪는 시련은 이스라엘의 시련과 계시에서 드러나는 하느님의 영광에 대한 훼손을 의미합니다. 그리고 가장 인상적인 점은 이것입니다. 고통 속에 있는 인간, 아픔으로 찢긴 인간은 **자기를 위해** 기도할 수 있습니다. 하지만 개인의 고통은 언제나, 시편 91편 15절에서 보듯 "환난 중에 그와 함께하시는" 하느님의 고통입니다. 자신을 위한 진정한 기도의 의미는 고통받으시는 하느님을 위한 기도입니다. 여기에 유대교가 선포하는 케노시스에 관한 구절이 있습니다. 즉, 비참한 이들의 비참함과 스스로 연대

---

* 유대교 신비주의인 카발라를 따르는 사람들을 뜻한다. 히브리어로 카발라Kabbalah, קַבָּלָה는 '받은 것', '전승'을 의미한다. 카발라는 율법과 교리의 내용 자체만이 아니라 그 이면의 신의 의미, 우주 창조, 인간 영혼의 심원한 의미와 목적 등을 탐구하는 데 초점을 맞추는 영적 해석 체계다.

하시는 하느님의 낮아지심! 그리고 의심할 여지 없이, 이 고통의 신학의 항들을 뒤바꿔서, 나의 고통 속에서 하느님께 오는 고통으로부터 시작하여 그분을 이해할 수도 있습니다. 나의 고통 속에서 고통받으시는 분은(비록 그것이 나의 죄로 인해 마땅히 받아야 할 고통일지라도) 바로 하느님이시라고 말할 수 있습니다. 이러한 내밀함 또는 상관성은, 또 다른 미드라쉬가 표현하듯이, 하느님 자신이 '테필린Tefillin' 또는 필락테르phylactère를 '착용한다'는 내용에서도 드러납니다. 테필린은 성서 구절이 적힌 가죽 띠를 넣은 작은 상자입니다. 신자가 아침 기도를 하는 중에 왼팔에 이 끈을 감고 머리에 두릅니다. 하느님께서도 똑같은 의무를 지신다고 한다면, 이는 미소를 자아내게 하는 일종의 신인 동형론처럼 보일 수도 있겠네요! 하지만 미드라쉬는 그 이상의 것을 알고 있습니다. 이스라엘 자손들의 테필린에는 특히 "들으라 이스라엘아, 주는 우리 하느님이시니 주는 한 분이시니라"(신명기 6:4)라는 구절이 새겨져 있는 반면, 영원하신 그분의 테필린에는 "하느님의 백성 이스라엘 같은 민족이 천하에 어디 있겠습니까?"(사무엘하 7:23)라는 구절이 새겨져 있다는 것입니다! 원시적인 신인 동형론을 넘어, 여기에는 유일한 분과 유일한 민족의 엄격한 대응이 있습니다. 이 땅의 고통 속에, 지극히 높으신 분의 고통이 있습니다. 미드라쉬는 여기서 한 걸음 더 나아가 이렇게 말합니다. "나의 머리가 편안해지기를, 나의 팔이 편안해지기를." 이는 테필린의 가죽 끈으로 머리와 팔이 묶이시고, 이스라엘의 모든 고통, 즉 인류의 모든 고통(심지어 인류가 자신의 죄로 받는 고통까지도)의 무게를 견디는 하느님의 기도입니다. 고통받는 인간들의 기도는 이러한 하느님이 받으시는 고문 또는 '수난'을 덜어드려야 합니다. 이것이 케노시스입니까? 여하간 제가 생각하기에는, 여기에 케노시스에 가까운 어떤 것이 있습니다! '관념에 도래하는 신'이라는 저의 정식은 하느님의 생명을 표현합니다. 그것은 하느님의 내려오심입니다! 독일어가 이를 더 잘 표현합니다. "wenn Gott fällt uns ein(하느님이 우리에게 불현듯 떠오를 때)". 이것은 우리가 조금 전에 이야기한 근접성과도 연결됩니다. 아마도 이런 이유로 제2차 바티칸 공의회가 유대인과 그리스도인이 서로의 교리에 대해 서로 배우도록 초대하는 것일 테지요. 마치 한쪽이 다른 쪽의 개종을 위해 투쟁하는 것보다 이 대화 속에서 더 많은 열매를 기대할 수 있는 것처럼요!

가브리엘 뒤푸르 조금 전에 케노시스라는 말을 언급하셨는데요…….

레비나스 네, 우리는 이 그리스어 단어에 대한 이해를 공유하고 있습니다……!

장 알페랭 히브리어에 케노시스에 상응하는 말이 있을까요?

레비나스　　　방금 말씀드렸다시피 '아나와'입니다. 탈무드의 한 구절, 그러니까 메길라 31a에서는 하느님에 관해 이렇게 말하고 있습니다. "당신이 그 거룩하신 분의 위대함을 발견하는 곳마다, 당신은 **그분의 낮아짐** anvetanuto 을 발견합니다."*

가브리엘 뒤푸르　역설적이군요. 왜냐하면 케노시스라는 단어는 저에게 헤겔적 맥락 또는 마르크스주의적 맥락 안에서 공명하기 때문입니다. 이는 수 세기에 걸쳐 신플라톤주의적 도식, 즉 하강 또는 추락이라는 개념의 영향을 받은 것입니다…….

레비나스　　　하강과 추락은 그분의 완전함이자 그분의 고양élévation입니다. 이는 보쉬에**가 '그리스도교적 사랑의 영광스러운 스스로 낮추심abaissements'에 대해 말할 때의 의미와 같습니다.

가브리엘 뒤푸르　하지만 헤겔주의는 그리스도교적 정신에 엄청난 해악을 끼쳤습니다. 그것은 그리스도의 스스로 낮추심, 성육신 안에서의 하느님의 스스로 낮추심을 완전히 잘못된 방식으로 이

---

*　아나와와 안베타누토는 같은 개념을 표현하는 어휘다. 둘 다 낮춤, 겸손함, 비천해짐, 낮아짐 등을 표현하는 히브리어인데, 레비나스는 동일한 개념이 성서 히브리어anawah와 탈무드 히브리어anvetanuto로 표현되고 있다는 점을 환기하고 있다.

**　Jacques-Bénigne Bossuet, 1627~1704. 프랑스 모Meaux 교구의 주교를 역임한 신학자.

에마뉘엘 레비나스와의 대화

해하게 만들었습니다…….

레비나스   아닙니다, 들어보세요. 성서의 독자들에게 스스로 낮추심은 고양의 의미를 지닙니다. 시편 113편에 나오듯이 하느님은 높음보다 더 높은 분이며, 그 높음 속에서 찬양받으며, 그분의 시선이 비참한 이들보다 더 비참한 불임을 겪는 여인에게까지 낮추어지는 바로 그만큼 그 고양은 더욱 증대됩니다.

가브리엘 뒤푸르   그런데 여기서 하강은 그 자체로 높음입니다! 반면에 변증법적 도식에서는 하나의 통과 과정에 불과합니다. 이것은 완전히 다른 것입니다.

로랑 아데르   선생님께선 종종 책임responsabilité과 응답réponse을 연관시키십니다. 선생님에게 타인에 대한 윤리적 관계의 최소한의 지위는 단순히 응답해야 할 의무를 지는 것이라고 봐도 될까요?

레비나스   응답할 의무를 지는 것은 결코 작은 일이 아닙니다! 이를 파생적이면서 최종적인 단계로 접근해서는 안 됩니다. 응답할 의무란 공권력에 의지하는 어떤 사법적 심문의 형식적 절차가 아닙니다. 여기에는 이례적인 복종(예속 없는 봉사!)이, 곧 타자의 얼굴의 올곧음에 대한 복종이 있습니다. 그 얼굴의 거부할 수 없는 명령은 위협에서 비롯되지 않으며, 그 비할 데 없는 권위는 고통을 통해 명령하며, 정확히 하느님의 말씀이라고 일컬어집니다. 아마도 바로 거기서 하느님이 관념에 도래하는 것이겠지요! 응답은 이 의무 안에서 견지되어야 합니다. 이 응답은 결코 모든 것을 포괄하지 않으며, 책임을 무효화하지도 않습니다. 저는 이 **견지해야 할 응답**으로 소통의 언어 자체를 소급시키고 싶습니다. 마치 제가 의식의 정신적 삶을 무한의 관념의 신-학théo-logie으로 소급시키고자 하는 것처럼요. "저는 하고자 합니다"라고 말한 것은 여전히 많은 연구가 필요하기 때문입니다!

에스테르 스타로뱅스키 저는 선생님께서 예언에 관해 말씀하신 것으로 돌아가고 싶습니다. 선생님께서는 예언을 윤리적인 의미에서 기술하셨습니다. 하지만 유대교 사상에는 주지주의적 해석 또한 존재합니다. 즉, 예언을 완전히 정화된 지성으로 보는 해석이 있습니다······.

레비나스   마이모니데스*가 그렇지요!

에스테르 스타로뱅스키 선생님께서는 그러한 해석에서 유대교에 대해 이질적인 어떤 것을 보십니까, 아니면 그 해석을 유대교 안

---

*   Maimonides, 1138~1204. 12세기 중세 유대교 철학의 거장으로 통상 아리스토텔레스 철학과 유대교 신학의 통합을 추구했다고 평가받는다.

에 통합할 수 있는 어떤 것으로 보십니까?

레비나스 저는 마이모니데스에게 이의를 제기할 만큼 불손하지 않습니다. 예언은 바로 그렇게 완전히 정화된 지성을 의미할 수도 있습니다. 제가 생각하기에 예언의 윤리적 의미에서, 이 순수함의 개념과 이 최상급 표현이 그렇게 은유적인 것은 아닙니다.

장 알페랭 우리가 이따금 몰두하게 되는 것은 성전 파괴 이후 예언이 중단되었다는 탈무드 전승의 의미입니다. 그런데 예언이 윤리의 범주를 대표하는 한, 우리는 예언이 어떤 형태로든 계속되고 있다고 믿고 싶습니다.

레비나스 우선 마지막 예언자인 말라기와 함께 예언의 시대가 끝나고, 랍비 시대, 즉 해석자와 현자들, 곧 하카밈 hakhamim 의 시대가 개막했다고 주장하는 일반적인 전통이 있습니다. 그러나 이러한 새로운 시대의 개막은 또한 양자택일의 기로이기도 합니다. 즉, 새로운 영감(주해자의 영감)은 이전 영감의 퇴락입니까, 아니면 드높임입니까? 바바 바트라 Baba Bathra 편 12a의 한 구절에 따르면 "현자 hakham 는 예언자보다 우월하다"고 합니다. 랍비 아키바가 모세보다 뛰어나다는 말일까요? 의심할 여지 없이 랍비 아키바의 영적 능력은 해석자로서 그의 변증법의 활력에 있으며, '산을 뿌리째 뽑아 서로 비벼서 갈아버리는 자'라는 은유로 묘사됩니다. 호라요트 편 14a는 '예언인가 랍비적 주해인가'라는 양자택일을 다음과 같은 대담한 또는 생생한 정식으로 지칭합니다. "어떤 이들은 시나이산이 가장 강하다고 말하고, 다른 이들은 산을 뿌리째 뽑는 자가 가장 강하다고 말한다." 최종적으로 분석하자면, 양쪽 입장 중 어느 것도 거부될 수 없는 양자택일인 것입니다.

여하튼, 우리가 방금 논의한 메길라 9a 및 9b 편에서 서로 소통하지 않고 작업했던 72명의 구약 오경 그리스어 번역가들 사이의 일치가 모든 주해 작업에 앞서 그리스어 성서 번역 원리자체를 승인하는 하늘의 징표로 받아들여집니다. 그러므로 이것은 '예언의 종언' 이후 훨씬 후대에 나타난 예언적 메시지를 탈무드의 '학자들'이 인정한 사례입니다. 사실 이는 바바 메치아 59b에서 랍비 예호슈아와 랍비 엘리에제르 간의 유명한 논쟁에서는 거부되었는데, 여기서 엘리에제르는 자신의 논지를 정당화하기 위해 천상의 징표들을 원용했습니다.

그러나 이미 예의 종언이나 예언의 지속이라는 이념은 다양한 의미를 용인합니다. 민수기 11장 24~29절을 아실 것입니다. 여기서 모세의 짐을 덜어주기 위해 70인의 장로가 배정됩니다. 이 구절들은 탈무드 산헤드린 편 17a의 미드라쉬에 의해 주해되거나 방향이 지어지거나 조명됩니다. 이 미드라쉬에 의하면 모든 이스라엘 지파는 이 70인 장로 가운데서 동등한 자격으로 대표되어야 합니다. 다만 이 대표하는 숫자를 6으로 나누어보았는데 딱 떨어지지 않았습니다. 그래서 모세는 72명의 이름을 모았고, 하느님의 의지를 알기 위해 제비뽑기를 했을 것입니다. 두 개의 백지 표를 통해 두 명의 제외가 가능해졌습니다. "엘닷과 메닷은 진중에 남아 있었고"(26절) 70인의 장로들은 "회막" 주위에 모였습니다. 그런데 장로들이 그곳에서 "하느님의 영"을 받아 예언하는 동안(25절), 제비뽑기를 통해 배제된 그 두 사람은 머물던 진중에서 예언하기 시작했습니다. 미드라쉬는 그들이 극도로 겸손하여 진중에 남아 있었다는 말을 덧붙입니다. 즉, 그들이 스스로 예언 사역에 합당치 않다고 여겼으리라는 겁니다. 이처럼 탈무드는 어쩌면 제비뽑기에서 제외된 이 두 사람이야말로 진정으로 선택받은 자들이었다고 시사하고자 하는 듯합니다. 과연 이렇게 자기를 낮추는 겸손함이 '하느님의 영'과 예언을 받을 자격을 주는 것일까요, 아니면 이런 겸손함 자체가 이미 그 영이자 예언인 것일까요? 엘닷과 메닷의 영과 예언은 진중 한가운데서 펼쳐졌으며, 이는 여호수아를 당혹스럽게 했습니다(민수기 11장 27~28절)!* 그러나 이것이야말로 모세가 온 이스라엘 백성에게 임하기를 바랐던 바로 그 예언이 아닙니까?(29절)** 마치 겸손함에서 비롯한 하느님의 영이 인간의 인간성 자체인 것

---

* "한 젊은이가 모세에게 달려와 엘닷과 메닷이 진중에서 입신하고 있다고 보고하였다. 젊었을 때부터 모세를 섬겨온 눈의 아들 여호수아가 아뢰었다. '우리의 영도자여, 그대로 두어서는 안 됩니다.'"

** "모세가 그를 타일렀다. '너는 지금 나를 생각하여 질투하고 있느냐? 차라리 야훼께서 당신의 영을 이 백성에게 주시어 모두 예언자가 되었으면 좋겠다.'"

처럼요! 여기서 우리는 다시, 영의 영성spiritualité de l'esprit 과 동일시되는 케노시스라는 우리의 주제로 돌아오게 됩니다! 이런 식의 예언이 역사 속에서 과연 종결될 수 있을까요? 70인의 장로들의 예언을 전하는 민수기 11장 25절(미드라쉬가 언급한바 "제비뽑기로 승인된" 이들의 예언에 대해 말하면서)에는 "그들이 예언하였다"라는 말 뒤에 '엘로 야사푸welo yasafu'라는 두 단어가 이어집니다. 이는 일반적으로 "그들은 (예언하기를) 계속하지 아니하였다"라고 번역됩니다. 즉, 그들은 하루 동안만 또는 단 한 번만 예언한 예언자들이었던 것입니다. 그리고 미드라쉬는 이를 엘닷과 메닷의 예언과 대비시키는데, 그들은 예언의 은사를 결코 잃어버리지 않고 예언했습니다!

'엘로 야사푸'라는 용어의 의미에 관해서는 상반된 견해 또한 존재한다는 점을 솔직히 말씀드려야겠습니다. 온켈로스 역본*에 따르면, 이 단어들은 "그리고 그들은 (예언하기를) 멈추지 않았다"는 의미를 갖습니다.

실제로, 산헤드린 17a의 미드라쉬는 신명기 5장 19절의 하느님의 음성에 적용되는 '로 야사프lo yasaf'라는 정식을 의미심장한 방식으로 상기시킵니다. 영원하신 이 하느님 음성의 울림은 결코 멈춘 적이 없다고 말할 수 있습니다. 따라서 이 미드라쉬에 따르면,

---

* 히브리어로 기록된 오경(토라, 창세기, 출애굽기, 레위기, 민수기, 신명기)을 아람어로 번역한 유대교 성서 번역본이다.

엘닷과 메닷의 탁월함은 민수기 11장 25절의 **과거 시제** 동사 "그들이 예언하였다"에 근거하는데, 엘닷과 메닷의 영감과 관련된 11장 27절의 **현재 시제** 동사 "그들이 예언하고 있다"와 대조됩니다. 즉, 그들이 여전히 예언하고 있다는 것입니다! 그들의 예언은 아직도 지속되고 있으며, 여전히 현재적입니다. 예언의 말씀을 감싸는 구전 전승 아래에서 무한히 새로워지고 하카밈, 곧 현자들의 말을 통해 현행적으로도 유효하게 의미를 전달하면서 말이지요.

다비드 바농 선생님의 저작에서 개진하시는 사상을, 가령 《고독한 신앙인 *L'homme de foi solitaire*》이나 《율법의 인간 *L'homme de la loi*》과 같은 저술에 나타나는 랍비 솔로베이치크 선생이 펼친 사상의 특정 주제들과 연관 지을 수 있을까요? 특히 선생님의 '그분임 Illeité' 개념과 비교될 수 있는 솔로베이치크의 '그Ⅱ'라는 개념 또는 '무한을 유한 속으로 내려오게 한다'와 같은 정식들, 혹은 볼로진의 랍비 하임(솔로베이치크는 이분의 후계자 중 한사람이기도 합니다만)에 대해 그가 느낀 매력도 생각해볼 수 있겠습니다…….

레비나스 당신이 저를 그토록 탁월한 탈무드 학자들과 비교하는 것을 받아들일 수 없습니다! 저는 주로 하가다를 읽습니다. 저는 전통 철학에서 출발하여 이 모든 것을 활용하게 되었습니다. 제 스스로 오랫동안 이러한 것들을 '곁에 있는' 문화라고 생각했습니다. 저는 슈샤니 선생으로 인해 뒤늦게 비로소 탈무드적 사유에 깊이 접촉하게 되었습니다.* 그는 자신의 방대한 지식이나 비할 데 없는 지성을 저에게 쏟아부어주지 않았고, 다만 이 텍스트들(도달할 수 없는 천장과도 같은 텍스트들)에 **어떻게** 접근해야 하는지 보여주었습니다. 그분 옆에서는 이 모든 것이 아무것도 아니며, 우리 자신도 아무것도 아닙니다. 그분은 무시무시한 변증가dialecticien였습니다. 슈샤니 선생은 마음만 먹으면 같은 학생들 앞에서 전날 가르친 것과 거의 정반대되는 내용을 곧장 방어할 수 있었습니다. 비범한 기교와 더불어, 또 그뿐 아니라 매번 새로운 의미의 차원과 더불어 말이지요! 저는 그로부터 이러한 정신의 삶에 대한 잊을 수도 없고 전달할 수도 없는 추억을 간직하고 있습니다.

---

* 레비나스가 스스럼없이 선생님이라고 부르기를 주저하지 않는 슈샤니는 태어난 곳도 본명도 확실하게 알려진 바 없는 다소 수수께끼 같은 인물이다. 노벨 평화상 수상자 엘리 위젤의 스승이기도 한 슈샤니는 1947년 파리에서 처음 레비나스를 만난 것으로 알려져 있으며, 레비나스는 슈샤니를 파리의 방랑자라고 불렀다. 레비나스는 1947년부터 약 5년 동안 그와 함께 탈무드를 읽고 배웠다.

옮긴이 해제

레비나스의 초월:
하늘의 지혜를 이 땅에서 실현하기*

이 책은 에마뉘엘 레비나스의 *Transcendance et Intelligibilité*를 번역한 것이다. 본서는 1984년 노동과 신앙 Labor et Fides 에서 출간되었는데, 이 출판사는 스위스 제네바에 소재한 개신교 계통 출판사로 1924년에 설립되었다. 개신교 출판사이기는 하나 본서의 출판에서도 알 수 있듯이, 해당 출판사는 특정한 신앙 고백의 경계를 설정하지 않고 신학과 종교 분야만이 아니라 철학, 역사, 사회학 등 광범위한 영역에서 좋은 책을 출간하고 있다. 본서의 번역은 1984년 출간본을 저본으로 삼아 이루어졌으며, 불명확해 보이는 부분을 조금 더 명료하게 이해하기 위해 나카야마 겐이 번역한 일본어 번역본을 종종 참조했다.

---

* 본 해제는 옮긴이가 이전에 쓴 논문을 수정, 보완, 확장한 것이다. 해제의 기초가 된 논문은 다음과 같다. 김동규, 〈레비나스에게서 초월: 하늘의 지혜를 이 땅에서 실현하기〉, 《횡단인문학》(2025년 6월): 147-178.

본서가 스위스 제네바의 노동과 신앙 출판사에서 출간된 것은, 이 책이 스위스 제네바대학교에서 열린 강연을 기반으로 삼은 원고이기 때문일 것이다. 레비나스가 서문에서도 밝혔듯이, 1983년 6월 1일 제네바대학교에서 만프레드 프랑크 교수가 '형이상학의 진리와 가상'이라는 주제로 조직한 학술회의의 한 꼭지로 바로 이 〈초월과 인식 가능성〉을 주제로 한 강연이 이루어졌으며, 이것이 본서로 발전되었다. 또한 이 책에는 강연 다음 날, 스위스 취리히대학교, 그르노블대학교, 바젤대학교, 프리부르대학교 등에서 사회사 및 경제사, 종교사 등을 가르쳤으며 프랑스어권 유대인 지식인 콜로키엄에서 오랫동안 활동한 장 알페랭 교수의 자택에서 이루어진 대화가 수록되어 있다. 이 대화에서 레비나스는 평소보다 훨씬 더 직접적인 방식으로 종교적 주제를 다루는 모습을 보여준다. 대화 참석자들은 상대방에게 자신의 신앙 고백을 강요하지 않으면서 자유롭게 레비나스의 철학과 그 종교적 의미 등에 대해 논의한다. 이런 대화의 모습 속에서 독자들은 종교 간 대화의 바람직한 한 양태를 맛볼 수도 있을 것이다.

    이 책의 중요한 의미 중 하나는 레비나스 철학의 핵심 키워드 중 하나인 초월의 의미가 굉장히 급진적인 형태로 다루어졌다는 점이다. 그의 다른 저술과 견주었을 때 가장 적나라하고 과장된 형태로 초월의 의미가 드러나고 있다 해도 과언은 아닐 것이다. 레비나스는 이 초월 개념을 위시하여 앎을 특권화하는 서구 철학에 대한 비판, 전통 인식론의 앎의 작용으로 환원되지 않는 무한의 관념이라는 윤리와 종교의 원천, 그리고 바로 그 무한의 도래로서 타자성의 의미와 여기에서 감지할 수 있는 신의 의미를 간결하면서도 명징하게 해명한다. 이 과정에서 레비나스가 이전까지 다소간 모호하거나 암시적으로만 다루었던 종교와 신학에 관한 물음 역시 훨씬 더 노골적인 방식으로 다뤄진다. 대담에서 전개된 내용과 더불어 이 해설 논고에서 등장하는 종교와 신학에 관한 논의를 본다면, 또한 레비나스의 이전 저작과 비교하며 내용을 살펴본다면, 레비나스가 후기 사상에서 조금은 더 거침없이 자기의 입장을 개진하고 있음을 알 수 있다. 이는 특히 종교적 개념과 유대교의 쟁점이 제기될 때 더 적나라하게 느낄 수 있는 대목이다.

    물론 그렇다고 해서 그가 후기에 철학을 포기하고 신학으로 선회했거나 유대교 사상의 호교론자가 된 것은 아니다. 그보다는 레비나스가 현상학을 기본적인 사유의 방법으로 삼아 개진한 윤리적 형이상학이 종교와 신학에 대해 이전보다 더 개방적이고 친숙한 형태로 진화했다고 보는 편이 나을 것이다. 말하자면 레비나스의 사유는 비단 유대교만이 아니라 다른 종교와 신학과의 대화와 접속을 통해서도 논의될 수 있으며, 간접적인 방식으로나마 종교와 신학의 갱신에도 기여할 수 있다는 점이 본서에서 명시적으로 나타난다. 이는 《전체성과 무한》이나 《존재와 달리 또는 존재성을 넘어》와 같은 레비나스의 주저와 불화하는 지점이 아니라 사유의 자연스런 확장이라 해야 할 것이다.

    이런 레비나스 후기 사상의 중요한 측면들에 익숙하지 않은 독자들을 위해, 본 해제에서는 본서가 핵심적으로 다루는 초월 개념과 그것이 여는 신학의 새로운 가능성에 초점을 맞추어 《초월과 인식 가능성》의 길잡이를 제공하고자 한다. 이를 통해 독자들이 조금 더 친근하게 이 책에 다가설 수 있기를 바란다.

들어가며

레비나스는 초월의 철학자다. 그의 철학을 아는 사람이라면, 막연하게든지 구체적으로든지 초월 개념이 그의 철학 안에 주요하게 작동하고 있다는 것을 감지하게 된다. 하지만 레비나스 철학에서 초월은 변화 없이 단순하게 전개되지 않았으며, 그의 철학이 지속되는 가운데 초월에 대한 사유도 함께 발전되고 철저화되었다. 또한 초월 개념의 발전적 전개와 더불어 레비나스의 철학 역시 갈수록 더 심원해졌다. 이런 점에서 초월 개념을 검토하는 것은 그의 철학을 더 깊이 이해할 수 있는 길을 열어줄 수 있다.

이에 본 해제는 초월에 대한 레비나스 사유의 화룡점정을 이룬다고 해도 좋을 《초월과 인식 가능성》의 논지를 심층적으로 이해하기 위해 그의 다층적인 초월 개념이 어떻게 시작되었고, 발전되었는지 다룰 것이다. 이를 위해 먼저 레비나스 특유의 초월 개념이 최초로 등장하는 《탈출에 관해서》에서 나타난 초월의 의미를 해명할 것이다. 그런 다음 《전체성과 무한》에서의 '상향 초월'이라는 독특한 초월 개념을 탐구한 후, 레비나스의 후기 사유의 핵심이 되는 《존재와 달리 또는 존재성을 넘어》에서 이루어진 초월의 급진화와 말년의 저술 《초월과 인식 가능성》에 제시된 조금 더 종교적이고, 신학적인 의미의 초월의 의미를 파헤칠 것이다.

    이러한 탐구를 통해 우리는 우선 통상적으로 잘 알려진 대로, 레비나스가 존재 또는 존재론적 사유에서 벗어나 윤리적 초월을 추구했다는 기본적 사실을 확인할 것이다. 이때 존재 저편의 초월은 처음부터 존재와 무관해지려는 의도에서 전개되는 것이 아니라 존재의 내적 구조에 기입된 모순적 계기의 파열로부터 이루어진다는 점이 확증될 것이다. 더 나아가 이러한 초월은 결국 현상의 내재성으로 환원되지 않는 절대적 초월인 무한의 초월이라는 점, 궁극적으로는 하늘의 윤리이자 지혜인 성스러움의 도래와 같은 것을 의미한다는 점이 순차적으로 제시될 것이다. 결국 이런 초월의 궁극적 의미는 레비나스의 후기 사유, 특별히 《초월과 인식 가능성》에 가서야 비로소 그 함의를 충만하게 드러낸다는 점에서 본서의 의의는 더 두드러질 것이다.

    결론적으로, 레비나스에게 초월을 이해하는 일은 서양 철학에서 가장 우선시되는 존재와 인식의 문제가 아니라 하늘의 지혜를 이 땅에서 실현하기 위한 참된 행위가 무엇인지를 이해하는 (갱신된 의미의) 윤리적-신학적 과제로 여겨진다. 그런데 이 주제를 다룰 때 《초월과 인식 가능성》은 (다른 이유보다 우리말로 번역되지 않은 탓에) 그 중요성에도 불구하고 그간 우리 학계에서 주요하게 언급되지 않았다. 이에 우리는 말년의 레비나스가 원숙하게 자신의 사유를 펼친 이 1984년 작품을 비중 있게 다루어 레비나스가 의도한 초월의 귀결점이 어딘지 짚어볼 것이다.

《탈출에 관해서》에서 초월로서의 초탈

1935년 작품인 《탈출에 관해서》는 레비나스의 독창적인 철학적 지향이 최초로 오롯이 드러난 저작으로 손꼽힌다. 물론 이보다 한 해 전에 나온 《히틀러주의 철학에 대한 몇 가지 반성Quelques réflexions sur la philosophie de l'hitlérisme》이 레비나스의 첫 번째 철학적 시론으로 꼽힐 수도 있을 것이다. 그런데 이 시론은 그의 철학적 지향이 어느 정도 서려 있기는 하지만 정치 시평에 가깝다는 점에서 최초의 독창적인 철학 논고로는 《탈출에 관해서》를 꼽는 편이 더 적절한 선택이다. 특히 이 책은 레비나스가 자신의 일관적 기획 중 하나인 존재에서 벗어남을 처음으로 명확하게 제시했다는 점에서 매우 중요하다.

일종의 실존론적 분석처럼 보이기까지 하는 이 책에서 레비나스는 자아가 어떻게 자기 존재에서 벗어날 수밖에 없는지를 현상학적으로 기술하는 데 초점을 맞춘다. 이에 그의 초월 개념을 확인하려면 그 특유의 존재로부터의 탈출이라는 현상학적 사태에 대한 레비나스 특유의 현상학적 기술을 쫓아가야 한다.

우리가 인간을 존재로 규정하는 한, 자아 역시 존재다. 그렇게 인간 존재인 자아는 존재의 기본적인 정립 방식과 존재 방식을 따라 구성된 존재로 이해될 수 있다. 그런데 서양 철학에서 존재란 실체라는 말의 무게에서 보듯 일종의 확고부동한 명사처럼 사유되는 경향이 있었다. 아리스토텔레스 이래 존재로서의 존재는 그 자체로 한 존재이고 하나, unum, 실체로 있는 것이며 것, res, 인식 가능하며 진, verum, 욕구할 만한 좋음 선, bonum이기도 한 것이다. 그래서 스콜라 철학에서는 '존재와 진은 서로 교환 가능하다 ens et verum convertuntur'는 명제로 존재 의미를 설명하기도 했다.* 그런데 레비나스에 의하면, 우리가 자아의 존재를 탐구할 때 유의해야 하는 것은 이렇게 전통 형이상학에서 말하는 존재로서의 존재의 성격과 자아의 존재 성격이 상이한 방식으로 존재한다는 점이다. 말하자면 자아가 '존재한다는 사실'과 더불어 '자기 존재의 정립과 유지라는 구조'를 갖는다는 점이 자아의 존재가 가지는 특별한 존재 양식이 된다.

예를 들어, 앞서 존재가 곧 선이라는 명제에서 보듯 전통 형이상학에서 존재는 그 자체로 완전하고 충만하게 성립된 욕구 대상이다. 그리스도교 형이상학의 의미로 말하자면, 신의 피조물인 세

---

* verum의 자리에 unum이나 bonum, res가 들어가도 무방하다. 실제로, 토마스 아퀴나스도 《진리론》에서 '존재와 선은 서로 교환 가능하다'고 말한 바 있다(*De Veritate*, q.1, a.5, s.c. 2 참조).

계의 존재는 신이 "보기에 좋았다"(창세기 1:10)고 할 만큼 그 자체로 충만하고, 욕구할 만한 것이며, 심지어 아름답기까지 한 것이다. 하지만 인간 존재의 충만함도 이런 식으로 사유되어야 할까? 자아가 존재하는 방식은 고정된 실체로서만이 아니라 일종의 사건, 곧 일어나는 일로서의 삶의 양상으로 이해되기도 해야 한다. 레비나스는 그 자체로 완결된 구조를 가질 수 없고, 항시 일어나는 사태로서 자아의 존재함이 갖는 사건적 성격과 그 내적 구조 안에서 일어나는 불완전성을 보여주어 존재 일반과 자아인 존재 사이의 차이를 드러낸다.

　　실체로서의 존재와 구별되는 자아의 존재와 그 존재 방식을 보여주기 위해 그는 맨 먼저 욕구라는 계기에 주목한다. 인간의 욕구는 대표적으로 존재의 불안감과 불충족성 또는 불만족성을 보여준다. 자아는 허기진 배를 채우면서 배고픔의 욕구를 단기간에 해소할 수 있지만 그것은 내가 존재하는 한 절대로 완전하고 충만하게 채울 수 없는 욕구다. 그래서 욕구 충족이 되지 않았을 때 인간은 (삶의 향유에 이르지 못한 채) 허기를 채우기 위해 먹고, 갈증을 해소하기 위해 무언가를 마신다. 하지만 그렇게 하는 가운데서도 욕구가 완전히 충족되지 않는 불충족성 때문에 자아는 불편함과 불안감을 느끼고, 그래서 계속 무언가로 자기를 채우고자 한다. 한 예로 먹는 것으로 스트레스를 푸는 사람을 생각해보자. 그것은 단지 허기짐을 채우는 행위를 넘어선 욕구 충족의 삶의 방식이다. 이처럼 욕구는 단순한 것이 아니며, 심지어 "욕구가 충족되지 않으면 존재는 죽는다".* 그러므로 욕구의 현상은 자아가 존재한다는 사실, 그 자체로 자기 자신이 현전해 있다는 사실을 보여주는 하나의 중요한 계기이며, 자아의 존재가 그 자체로 충만한 존재일 수 없다는 존재의 적나라한 사실을 나타낸다.

    하지만 이것으로 자아의 내적 구조, 나의 존재함의 현상학적 사실이 모두 설명되는 것은 아니다. 레비나스에 의하면, 인간은 단순히 허기나 갈증을 느낄 때만 욕구 충족을 원하지 않는다. 오히려 욕구는 때때로 쾌락의 충족을 원할 때 더 극단적으로 작동한다. 이를테면 성적 쾌락을 향한 욕구는 배고픔이나 갈증도 뒤로 미루게 할 정도로 자아의 내면을 뒤흔든다. 이런 쾌락 추구의 욕구가 배고픔이나 갈증을 채우려는 욕구보다 더 근원적일 수 있는 이유는 이 욕구가 일견 불안감을 해소해주는 극적 쾌감으로 이끄는 것처럼 보이기 때문이다. 쾌락은 자아를 단지 자기 존재를 보존하는 데 급급하게 만들지 않고 자아에게 어떤 황홀경을 선사한다. 성적 쾌락의 극대화에서 오는 황홀경을 떠올려보자. 내가 좋아하는 스포츠 구단이 극적으로 승리했을 때 터져 나오는 나와 팬들의 환호성과 희열을 보자. 이는 단지 살기 위해 먹고 마시는 것과는 차원이 다른 충만함을 나에게 선사한다. 그리고 적어도 그 순간 자아는 아무런 불안

---

* Emmanuel Levinas, *De l'évasion* (1935), introduit et annoté par Jacques Rolland (Montpellier: Fata Morgana, 1982), 79. (《탈출에 관해서》, 김동규 옮김, 지식을만드는지식, 2012)

감도 없다고 느낄 수 있다.

그런데 레비나스는 이러한 쾌락에 근거한 초월이 존재의 불안감으로부터의 '기만적 탈출'일지 모른다고 보는데, 이는 "그 탈출이 실패로 귀결되는 탈출이기 때문이다. 만약 그 탈출이 자기 자신 안에 갇히기보다는 하나의 과정으로서 자기 자신을 끊임없이 넘어서는 것으로 나타난다면, 그것은 전적으로 자기에서 벗어나는 것처럼 보이는 바로 그 순간에 파열하고 만다".* 쾌락의 황홀경에서 자아는 자기 존재의 불안감이나 무엇인가에 눌려 있는 듯한 불편함에서 벗어났다는 착각에 빠진다. 하지만 그 쾌락이 소진되었을 때 자아는 여전히 더 크고 새로운 쾌락의 욕구를 갈망하는 자신을 마주한다. 이에 더 화려한 쾌락의 약속, 더욱 증대된 쾌락을 좇지만 이렇게 더욱 가중된 쾌락이 충만하게 달성되기란 어려운 일이며, 그것이 나를 지속해서 만족시키기도 쉽지 않다. 끝없는 성적 쾌락을 갈구하고, 그것을 위해 온갖 도착적인 행위까지 불사하지만 여전히 불만족에 허우적대는 삶을 생각해보라. 나는 나의 억눌린 존재에서 벗어나 상승의 운동을 했다고 믿지만, 결국 또 다른 쾌락을 열망하는 자기 자신에게로 돌아오는 회귀의 운동 속에서 실패와 좌절을 경험한다.

레비나스는 이런 실패와 좌절의 극단을 수치심과 구역질의 현상으로 기술한다. 숨기고 싶지만 숨길 수 없는 존재의 민낯은 자

---

* Levinas, *De l'évasion*, 84.

기 존재를 다른 곳으로 도망치게 하거나 막다른 골목에서 스스로를 드러낼 수밖에 없는 데까지 이르게 한다. "따라서 우리의 내밀함, 즉 우리 자신에 대한 우리의 현전이 부끄러운 것이다. 그것은 우리의 무無를 드러내는 것이 아니라, 우리 존재의 총체성을 드러낸다. 헐벗음은 자신의 존재를 변명해야 할 필요성이다. 수치심은 결국 변명을 찾는 존재다. 수치심을 발견하는 것은 자신을 **발견하는 존재다**".* 이것은 단순히 나의 죄나 잘못이 드러났을 때의 수치심과는 조금 다르다. 물론 그런 수치심도 자기 존재의 민낯을 드러내는 사태일 수 있겠으나 여기서 레비나스는 더 궁극적으로 자기 존재의 무능함을 지시하기 위해 수치심과 구역질이라는 현상을 기술한다. 외면을 가꾸는 어떤 치장이나 꾸밈의 활동에도 불구하고 나의 내밀한 어떤 것이 밝혀질 때 인간은 스스로 수치스러울 수 있다. 다시 말해 내가 무엇인가 해보려고 하지만, 그저 있다는 사실 이외에 다른 어떤 것을 할 수 없다는 사실을 확인할 때 나의 존재는 스스로 수치스러워한다는 것이다. 앞서 언급한 것처럼 욕구를 채우려고도 해보고, 쾌락 충족을 위해 이런저런 일을 해보는 인간 자아는 사물로서의 존재나 자연적 존재와는 달리 그 자체로 충만하게 존재할 수 없다는 데 불안해하는 무력한 존재다. 다시 말해 인간은 욕구 충족, 쾌락과 만족감을 통해 얻는 감정이 일시적일 뿐이며 결국 불안하게 있을 수밖에 없다는 자기의 무능력함에 수치스러워한다. 게다가 수

---

* Levinas, *De l'évasion*, 87.

치심에 몸 둘 바를 모를 뿐만 아니라 더 극단적인 경우에 "우리는 속에서부터 메스꺼워한다. 우리 자신의 심연이 우리 자신 아래서 억눌려 있다. 우리는 '속이 너무 울렁거린다'".*

스스로 자신의 억눌린 상황에 마주했을 때, 충만한 쾌락에 아무리 다다르고자 해도 다다를 수 없고, 그렇게 자기 자신이 무능하다는 사실을 발견하면서 나의 속은 울렁거린다. 다시 말해 이토록 좁은 삶의 테두리 속에 갇혀 있다는 사실, 즉 존재가 행복이 아니라 스스로에게 짐이라는 사실을 발견할 때 우리는 속에서부터 울렁거림을 느끼며 메스꺼움을 견디지 못해 구역질하는 상태에 이른다.

레비나스에 의하면, 이런 상황에 내몰렸을 때 인간은 비로소 자기 존재에서 벗어나기를 욕망한다. 숨을 곳도 없고 스스로 더 이상 할 수 있는 것이 없다고 느끼는 존재의 잔혹한 사실에 직면할 때, 탈출의 욕구를 갖게 되는 것이다. 이를 레비나스는 다음과 같은 말로 표현한다.

> 우리는 그저 거기에 있으며, 있는 것 이상의 어떤 일도 하지 못한 채로 있다. 또는 우리가 완전히 내맡겨졌다는 사실, 모든 것이 소진되었다는 사실에 아무것도 더 하지 못한다. 이것이 우리가 이 작업의 시작부터 예고했던 **순수 존재의 경험 자체**다. 그런데 이 '더는–아무것도–해볼–것이–없음 il-n'y-a-plus-rien-à-faire'이란, 하나의 한계 상황

---

* Levinas, *De l'évasion*, 89.

을 나타내는 징표인데, 이러한 상황에서는 모든 행위의 쓸모없음이 야말로 오직 빠져나가는 것만이 남아 있는 결정적 순간임을 정확히 지시한다. 순수 존재의 경험은 이와 동시에 이 존재와의 내적 적대이자 불가피하게 요구되는 탈출의 경험이기도 하다.[*]

    그러므로 탈출의 초월은 자기 존재의 유한성 안에서 그 존재가 자기에게 어마어마한 부담으로 다가올 때, 그 자신이 가진 모든 힘을 소진해버리는 존재의 무능함이라는 사실 속에서 일어난다. 수치심과 구역질로 예화될 수 있는 그러한 소진된 존재의 사실이 바로 나의 순수 존재다. 이후 전개되는 레비나스의 '그저 있음il y a'을 선취하는 것처럼 보이는 이런 **'순수 존재의 경험 자체'**는, 결국 충만하게 채워질 수 없는 욕구 충족의 도식 안에서 더는 아무것도 할 수 없는 내 존재의 극단적 한계를 의미한다. 수치심과 구역질은 바로 그런 존재의 위기, 그저 있기만 할 뿐인 잔혹한 삶의 현실을 스스로 목도하게 하는 핵심 계기다.
    결국 레비나스는 자기 존재가 가진 이 구조에서 벗어날 수밖에 없게 하는 존재의 잔혹한 사실에서 일어나는 초탈을 제안한다. "이를 통해 탈출의 필요성은 (…) 우리를 철학의 핵심으로 인도한다. (…) 이러한 조건에서 **초탈**은 가능한가, 그리고 그것은 어떻게 성취되는가? 그것이 약속하는 행복과 인간 존엄성의 이상은 무

---

[*]   Levinas, *De l'évasion*, 90.

엇인가?"* 여기서 초탈로 번역한 excendance는 레비나스가 만든 신조어다. 아마도 각각 '밖으로'와 '오르다'를 뜻하는 라틴어 ex와 scandere에서 착안한 것처럼 보이는 이 말은 존재로부터의 탈출이라는 의미를 함축한 초기 레비나스의 고유한 초월 개념이다.

 이로써 우리는 청년 레비나스가 존재를 사유할 때, 곧 존재로부터의 탈출이라는 초월 개념도 함께 사유했다는 점을 알 수 있다. 그것은 자아의 존재 바깥으로, 나와 그 존재 너머로 오르는 또는 상승하는 것이다. 왜냐하면 존재 안에 머무를 때 인간 자아는 충족되지 않는 자기의 유한한 존재라는 일종의 굴레 속에서 불안해하고, 수치스러운 자아의 현전 속에 구역질과 같은 잔혹한 존재의 악을 경험할 수밖에 없기 때문이다. 비록 《탈출에 관해서》가 오밀조밀한 논증보다는 다소 현란한 현상학적 기술에 치중하고 있기는 하지만, 적어도 레비나스가 의도하는 초월 개념만큼은 매우 명확한 형태로 제시한다는 점을 우리는 확인할 수 있다.

《전체성과 무한》, 상향 초월로서의 초월

 《탈출에 관해서》에는 타인의 타자성에 대한 언급이 없다. 이는 분명 레비나스가 존재 저편의 초월에 관해서는 일찌감치 고민했

---

* Levinas, *De l'évasion*, 74.

지만, 자기 존재 바깥으로 벗어난다는 것이 타인의 외재성과 더불어 일어날 수 있음을 당시에는 고안해내지 않았음을 의미한다. 이 사유는 제2차 세계대전 이후에 구체화된다. 이를테면 레비나스가 1947년에 쓴 책에서 타자성과 초월이 함께 고려되고 있다는 점을 우리는 확인할 수 있다.

> 자아가 단순히 자기 자신에게서 나온다고 말하는 것은 모순이다. 왜냐하면 자기 자신에게서 나옴으로써, 자아가 비인격적인 것에 빠져들지 않는 한 자아는 자신을 지니고 가기 때문이다. 비대칭적 상호주관성이 초월의 장소이다. 여기서 주체는 주체로서 구조를 유지하면서도, 필연적으로 자기 자신에게 회귀하지 않을 가능성을 가진다.[*]

이렇게 레비나스는 《존재에서 존재자로》에서 타자성을 함축하는 '비대칭적 상호 주관성'이라는 초월의 차원을 제시한다. 《탈출에 관해서》에서는 자기 존재의 내적 구조가 유한한 존재의 무능함 속에서 스스로 탈출할 수밖에 없는 상황에 내몰리는 현상이 탐구되었다. 그런데 단순히 자아가 자기에게서 벗어난다고 할 때, 여전히 자아가 자기로서 존재한다면, 이는 자아가 그 자신에게로 귀환하는

---

[*] Emmanuel Levinas, *De l'existence à l'existant* (1947), seconde édition augmentée (Paris: J. Vrin, 1990; V^e, 2004), 164-65. (《존재에서 존재자로》, 서동욱 옮김, 민음사, 2003)

운동의 또 다른 표현이 될 뿐이다. 그래서 레비나스는 자기에게서 벗어나서 다시 자기에게로 돌아가는 가능성 대신 자아와는 전적으로 다른 타인을 향한 초월이 참된 초월일 수 있다는 점을 이때 내비친 것이다.

이런 초월은 《전체성과 무한》에 이르러서야 비로소 구체적으로 제시된다. 물론 그렇다고 해도 《탈출에 관해서》에서 등장한 초탈의 의미로서 초월, 바깥으로 나와 올라감의 의미가 사라지는 것은 아니며, 1961년에 이르러 그러한 초월의 의미가 상향 초월의 형태로 더 급진화된 방식으로 제시된다고 해야 할 것이다. 여기서 우리가 먼저 고려해야 하는 것이 바로 장 발의 초월 개념이다. 왜냐하면 레비나스 스스로가 자신이 제안하는 "형이상학적 운동은 초월적이며, 욕망과의 불합치로서의 초월은 필연적으로 하나의 상향 초월이다"*라고 했고, 또한 이를 장 발에게서 빌려왔다고 말하기 때문이다. 그런데 《전체성과 무한》의 본문에 발의 글이 직접 인용되지는 않았기에, 레비나스가 그에게서 빌려오는 초월의 의미를 올바로 이해하기 위해서는 장 발의 언급을 직접 추적할 수밖에 없다. 그는 자신의 고유한 초월 개념에 관해 이렇게 말한다. "우리는 초월의 위계나 심지어 위계들을 상상할 수 있다. 말하자면 아래를 향하는

---

* Emmanuel Levinas, *Totalité et infini* (La Haye: Martinus Nijhoff, 1961; 2ᵉ, 1965), 5. (《전체성과 무한: 외재성에 대한 에세이》, 김도형·문성원·손영창 옮김, 그린비, 2018)

(…) 위계가 있다. 거기에는 상향 초월만이 아니라 하향 초월도 있다."* 이 언급에서 눈여겨봐야 하는 것은 발이 초월에 방향을 설정한다는 점이다. 그에게 초월은 아래를 향하는 것과 위를 향하는 것으로 구별되는데, 이는 키르케고르를 기반으로 삼아 이루어진 구별이다. "확실히 내가 '상향 초월'과 '하향 초월'에 대해 말할 때 나는 초월이라는 말을 키르케고르가 말한 것에 결부하여 악마적 힘이라는 개념과 연관시켰고, 그로 인해 도덕적이면서 동시에 비도덕적인 측면을 띠게 된 것은 확실하다."** 여기서 도덕적인 측면이란 자아가 선을 따를 것인지 악을 따를 것인지를 결정하는 차원을 갖는다는 의미이고, 비도덕적인 측면은 이런 초월의 운동이 단지 도덕적 결단이기만 한 것이 아니라 주체성의 실존론적 자기 결단이라는 것을 의미한다. 말하자면 키르케고르의 주체는, 마치 아브라함이 자기 아들 이삭을 신의 명령을 따라 희생 제물로 바칠 것인지 말 것인지를 고뇌해야 하는 데서 보듯, "신과 마주하고 있는지 아니면 악마적인 힘과 마주하고 있는지, 자신이 수행하는 움직임이 상향 초월의 움직임인지 하향 초월의 움직임인지 알지 못하기 때문에 불안해할"*** 실존적 자아인 것이다.

발에 의하면, 키르케고르는 헤겔의 목적론적 변증법을 거부

---

*   Jean Wahl, *Existence humaine et transcendence*, Neuchatel: Éditions de la Baconnière, 1944, 37.
**   Wahl, *Existence humaine et transcendence*, 117.
***   Wahl, *Existence humaine et transcendence*, 40.

할 뿐만 아니라 논리적 체계나 추상적 사유로 도달할 수 있는 보편성을 넘어서려 한다. 다시 말해 키르케고르에게 체계나 보편성으로 환원되지 않는 주체성의 성립은 불안과 더불어 (비)도덕적인 내면적 정서의 분출 속에서 이루어진다. 그는 바로 이렇게 분출되는 정서를 안고 있는 주체성이 자기 너머의 신적 타자와 선을 향하는 운동인 초월을 상향 초월로서 자기-초월이라고 보며, 이러한 "주체성과 초월 관념이 철학의 관점에서 키르케고르의 사유를 특징짓는 두 가지 본질적 관념"*이라고 주장한다. 탁월한 레비나스 연구자인 로제 부르흐라브는 발의 이런 생각을 명쾌하게 해명한 바 있다. 그에 의하면, 발이 제시한 키르케고르적 의미의 실존론적 주체의 초월은 자기의 비참함에서 벗어나 자기 바깥의 무엇인가와 접촉하며 느끼는 긴장 속에서 이루어지는데, 이는 곧 "존재로부터 출발하여 이 운동 속에서 자기 자신을 자기 뒤로 남기고자 하는 운동이다. 어떠한 우회로 없이 타자와 접촉하게 되는 감정 속에서, 주체는 자신을 넘어 자신과 다른 것을 향해 도달한다. 이런 측면에서 감정은 또한 갈망이자 긴장이며, 문자 그대로 '초-긴장hyper-tension'이다. 왜냐하면 이는 바로 자신 안에서 자신 안에는 없는 것, 즉 타자를 향해 도달하기 때문이다".** 부르흐라브의 도움에 힘입어 우리는 발의 상향 초

---

* Wahl, *Existence humaine et transcendence*, 39.
** Roger Burggraeve, "Affected by the Face of the Other: Levinasian Movement from the Exteriority to the Interiority of the Infinite," in *Emmanuel Levinas: Prophetic Inspiration and Philosophy*, eds. Irene Kajon et al. (Firenze: Giuntina, 2008), 276.

월 개념이 자기보다 더 높은 타자를 향하는 운동을 의미한다고 이해할 수 있다. 실제로 발은 이렇게 말한다. "실존은 자기 자신 이외의 무언가와의 관계이다. (…) 키르케고르는 분명히 '타자'를 완전히 부정하지는 않지만 종종 그는 (항상 그런 것은 아니지만) 실존을 신이라는 유일한 타자에 대한 성찰로 환원한다."*

이러한 사유는 어떻게 레비나스의 초월 개념과 결합하는가? 키르케고르의 상향 초월은 신으로서의 타자를 향하는 것이 아닌가? 신은 나보다 높은 저 너머에 있다고 할 수 있지만, 타인인 인간 타자는 내가 거주하는 세계에 있는 현실 속의 타자가 아닌가? 여기서 우리는 레비나스 특유의 동일자와 타자의 비대칭적 관계에 관한 사유를 떠올려야 한다. 주체와 타자의 관계에서 일어나는 상향 초월이 피안의 세계나 신에게로 올라감을 반드시 의미할 필요는 없다. 이 점에서 레비나스는 키르케고르와 다르며, 오히려 장 발의 문제의식을 확장하여 계승한다. "키르케고르가 생각한 것처럼 체계를 거부하는 것은 내가 아니다. 그것은 타자다."** 즉, 레비나스에게서는 신이 아닌 타자가 동일자의 체계를 거부하면서 나보다 더 높은 자로서 나에게 다가오는 자로 이해된다. 말하자면 그는 동일자인 주체가 자신보다 (윤리적 의미에서) 더 높은 인간 타자를 향한다는 의미로 발의 상향 초월로서의 초월 개념을 도입하여 그 자신만

---

*   Wahl, *Existence humaine et transcendence*, 29.
**   Levinas, *Totalité et infini*, 10.

의 윤리적-형이상학적 초월 개념을 발전시켰다. 이와 관련해서 레비나스는 다음과 같이 말한다.

> 우리는 타인의 현전이 나의 자발성을 문제 삼는 것, 이를 윤리라고 부른다. 타인의 낯섦(타인을 나로 환원할 수 없음, 나의 사유와 소유로 환원할 수 없음)은 바로 나의 자발성을 문제 삼는 것으로, 윤리로 성취된다. 형이상학, 초월, 동일자에 의한 타자의 맞아들임, 나Moi 에 의한 타인의 맞아들임은 타자로 말미암아 동일자를 문제 삼는 것으로, 말하자면 앎의 비판적 본질을 성취하는 윤리로 구체적으로 생산된다.*

이렇게 형이상학과 초월은 "윤리로 구체적으로 생산된다". 바로 이런 점에서 레비나스가 의도하는 상향 초월, 즉 높은 데로 향하는 초월은 윤리적으로 나보다 더 높은, 내가 섬겨야 할 타자를 맞아들임이라는 것이 확증된다. 이러한 차원은 특별히 《전체성과 무한》이 출간되고, 한 해 뒤에 나온 〈초월과 높음〉에서 더 분명하게 제시된다.

이제 이것은 타인에게 스스로 복종하는 도덕으로 전환하는 경우에만, 곧 직접적으로 높음hauteur 에 순종하고 복종하는 일로 일어나는

---

* Levinas, *Totalité et infini*, 13.

경우에만 가능하다. 또는 더 정확히 말하자면, 타인에 대한 복종이 자발적인 움직임의 그 존엄한 행위를 앗아가지 않는다면, 이는 타인이 바깥에 있을 뿐 아니라 이미 높은 데 있기 때문이다.*

이처럼 레비나스가 제시한 초월은 윤리로 구체화되는 형이상학적 의미의 초월이다. 타자는 내가 섬겨야 하는 자로서 나의 주권적 손길이 미치지 않는, 내 바깥에 있는 외재성의 초월이다.

이 타자성은 타인 Autrui 의 타자성으로, 그리고 지고 Très-Haut 의 타자성으로 이해된다. 높음이라는 차원 자체가 바로 이 형이상학적 욕망을 따라 열린다. 이 높음이 더 이상 천상이 아니라 비가시적인 것이라는 점이야말로, 높음 자체의 고양이자 그것의 고귀함이다.**

다시금 강조하건대 이 맥락에서 고귀함, 지고, 높음을 향하는 레비나스의 상향 초월을 오해하지 않기 위해서는, 그가 윤리적 의미의 높음을 제시했다는 점을 놓치지 말아야 한다. 타자는 비대칭적으로 동일자인 자아보다 더 높다. 그것은 이 타자가 피안에 놓인다는 뜻이 아니라, 타자가 내가 섬겨야 할, 내가 책임져야 할, 내

---

*   Emmanuel Levinas, "Transcendance et hauteur" (1962), *Cahiers de l'Herne: Lévinas*, dirigé par Catherine Chalier et Miguel Abensour (Paris: l'Herne, 1991), 103.
**   Levinas, *Totalité et infini*, 4-5.

가 아래에서 떠받쳐야 할 높은 자라는 뜻이다. 아울러 이것은 키르케고르처럼 신을 향하는 것이 아니라 인간 타자를 향한다는 점에서 높은 자에 대한 숭배나 찬미가 아니라 타인을 섬기는 윤리로 특징지어진다.

이런 윤리적 초월, 나보다 더 높은 이를 향한 초월은 나와 타자의 윤리적 관계로 형이상학적 관계를 구체화하는데, 이제 우리는 그 관계의 성취 방식에 주목해야 한다. 레비나스가 제시하는 윤리적 초월의 관계는 대화로 성취되는 관계다.

> 실제로 언어가 동일자와 타자의 관계를 성취하는데, 이 관계 속에서 두 항은 접경을 이루지 않는다. 타자는 동일자와 관계를 맺으면서도 동일자에 대해 초월을 유지한다. 동일자와 타자의 관계, 곧 형이상학적 관계는 근원적으로 대화discours 로 전개된다. 여기에서 동일자는 자기의 자기에 압축된 '나'의 자기성, 곧 유일하고 토착적인 특정한 존재자로서, 자기를 벗어난다.*

형이상학적-윤리적 초월의 관계가 왜 대화여야 하는가? 이는 타인이 나에게 도움을 요청하는 상황을 떠올리면 조금 더 쉽게 이해할 수 있다. 우선 레비나스에게 타인은 "오직 '나로부터 타자에게로' 향하는 운동으로서만, 즉 **얼굴 대 얼굴로 마주함**"의 방식으로

---

*   Levinas, *Totalité et infini*, 9.

나에게 온다.* 레비나스는 이렇게 얼굴과 얼굴이 마주하는 대면의 윤리를 광학이라고 말하는데, 이는 우선 타인이 나의 시선에 도래한다는 의미다. 하지만 이는 타인이 나의 인식하고 식별하는 시선에 합치하게끔 주어진다는 것을 뜻하지 않는다. 오히려 타인은 내 시선의 체험 지평에 환원되지 않는 방식으로, 그 자체 무한으로 도래한다. 그래서 레비나스는 무한의 얼굴을 마주하는 윤리적 사건을 시선의 봄이 아닌 부름의 말이 내게 들리는 것으로 이해한다. "살해보다 더 강한 이 무한은 이미 그 얼굴 안에서 우리에게 저항하며, 그 자체가 얼굴이며, 원초적 표현, 다음과 같은 최초의 말이다. '너는 살해하지 말지니라.'"**

    이 초월의 말, 높은 데서 도래하는 말의 성격을 가장 잘 알려주는 것은 적어도 《전체성과 무한》에서는 가르침이다. 내가 얼굴의 초월과 관계한다는 것은 타인에게서 오는 말을 나의 인식 능력으로 재편하는 것이 아니라 그 말에 귀를 기울이는 것을 의미한다. 즉, 대화는 나보다 더 높은 스승이 내게 주는 말을 맞아들이는 것을 뜻한다. 스승과의 절대적 거리를 유지한 채로 "대화 안에서 타인에게 접근한다는 것은 (…) 타인의 표현을 맞이하는 것이다. 이는 나의 능력 너머의 타인을 **받아들인다**는 것이며, 정확히 말해 무한의 관념을 갖는 것을 의미한다. 하지만 이는 가르침을 받는다는 의미이기

---

*   Levinas, *Totalité et infini*, 9.
**   Levinas, *Totalité et infini*, 173.

도 하다. 타자와의 관계, 즉 대화는 알레르기적이지 않은 관계이지만, 이렇게 맞이하는 대화는 가르침이다".* 장뤽 마리옹의 다음과 같은 말은 레비나스 철학에서 주체와 타자의 만남이 이처럼 시선에서 봄으로 이행하는 성격을 내포한다는 점을 잘 나타낸다. "형식적으로 말하면, 현상성은 이처럼 봄에서 말로, 곧 자아가 산출하는 보는 시선에서, 자아가 수용하는 듣는 말로 이행한다고 할 수 있다."**

이제 우리는 레비나스가 제시한 상향 초월로서의 초월을 이해할 수 있으며, 그의 초창기 초월 개념과 비교해서 진화한 부분이 무엇인지도 알 수 있다. 《탈출에 관해서》로 대표되는 초탈로서의 초월은 그 자체로 만족할 수 없는 자아 존재의 내적 구조로 인해 내가 존재를 벗어나게 되는 운동을 의미한다. 하지만 《전체성과 무한》에 이르면, 이 벗어남에 윤리적 의미가 부여된다. 그리고 이것은 위를 향하는 운동의 성격을 부여받는데, 이는 어떤 피안으로의 초월을 가리키는 것이 아니라 윤리적으로 나보다 더 높은 자와 맺는 대화적 관계로서의 초월을 뜻한다. 타인은 나의 사유와 존재 지평 안에서 이해될 수 있는 방식으로 나에게 주어지는 것이 아니라, 자아의 도덕성과 책임 있는 행위를 일으킬 수 있는 가르침으로 나를 깨운다. 바로 이 점에서 상향 초월은 나보다 더 높은 타인을 향해 나

---

*   Levinas, *Totalité et infini*, 22.

**   Jean-Luc Marion, "La voix sans nom: Hommage à partir-de Levinas," *Rue Descartes* 19 (Février 1998), 13.

를 이끄는 것이면서, 윤리적 명령인 가르침을 통해 나의 각성과 책임적 응답을 요구하는 관계로 나를 이끈다. 스승과 제자의 관계로서 주체와 타자의 관계는 평면적 관계를 훌쩍 뛰어넘는 비대칭적인 얼굴의 초월과 자아의 관계를 의미한다. 다음과 같은 말은 이런 레비나스의 의도를 여실히 보여준다.

> 그 본질은 나 Moi 와 타자 Autre 사이의 관계가 비가역성 속에 있으며, 스승의 스승됨 Maîtrise du Maître 은 그의 타자라는, 또 외재하에 자라는 위상에 일치한다. 언어는 오직 대화 상대자가 그 자신의 대화의 시작일 때만 말해질 수 있다. 즉, 대화 상대자는 체계 너머에 머물러야 하며, 나와 **같은 차원**에 있지 않아야 한다. 대화 상대자는 그저 너 Toi 가 아니라 당신 Vous 이다. 그는 자신의 존엄 속에서 자신을 계시한다. 따라서 외재성은 스승됨과 일치한다.*

초월은 높은 데서 나에게 도래하는 윤리적 말의 가르침으로 성취되며, 나는 그 말을 듣는 자로, 스승인 타인에게 귀를 기울이는 자이면서 그 말에 응답하는 자로 소환된다. 나와 외재성의 초월과의 관계는 바로 이런 식으로 구체화된다.

---

* Levinas, *Totalité et infini*, 75.

《존재와 달리 또는 존재성을 넘어》에서 무한의 초월

이러한 초월과 관련해서 후기 레비나스, 곧 원숙기의 레비나스는 앞서 언급한 존재에게서 벗어남이라는 초탈, 윤리적으로 나보다 더 높은 자의 가르침을 듣고 이에 책임으로 응답하는 윤리적, 형이상학적 초월의 관계의 의미를 거의 그대로 이어받는다. 그리고 특유의 비/현상학적 사유를 실행하여 전통 현상학과 대결하는 가운데 《존재와 달리 또는 존재성을 넘어》에서 초월의 의미를 심화한다.

레비나스에 의하면, 후설 현상학에서 초월은 '내재성 안에서의 초월'로 사유된다. 이때 초월은 내가 나의 의식 안에서 타자를 파악하는 힘과 같은 무엇인가를 가지고 있고, 이를 나의 바깥으로 펼쳐내는 것을 뜻하지 않는다. 오히려 이 초월은 안과 밖의 구별을 넘어서 이미 세계와 지향적 초월로서 관계 맺는 방식으로 존재하는 의식의 초월적 성격을 일컫는다. 지향적 의식-주체의 초월은 나의 의식이 내 안의 비밀 상자 속 보물처럼 침잠하는 것이 아니라 그 자체로 현상의 세계로 초월해 있으면서, 여전히 세계와는 구별되는 나의 의식으로 남아 있는 독특한 사태를 가리킨다. 또한 사물의 편에서 보자면, 현상학적 의미의 사물 역시 내재성 안에서의 초월 가운데 있다. 사물은 지향적 주체의 의식적 구성 작업을 거쳐야만 유의미한 사태로 드러난다. 하지만 이것이 의식 안으로 사물을 흡수한다는 뜻은 아니다. 사물은 의식 너머에, 곧 의식을 초월해 있다. 그러면서 사물은 의식의 지향적 체험 속에서 그 의미를 드러낸다. 이것이 바로 내재성 안에서 초월의 또 다른 측면이며, 루돌프 베르넷의 명쾌한 설명이 이 개념에 대한 우리의 이해를 도울 수 있다. "사물은 지향적 의식의 흐름에 의해 존재와 규정이 좌우되지만, 그럼에도 불구하고 의식에 속하지 않는다. 구성하는 의식에 의존하면서도 그것과 일치하지 않는 사물이 곧 '내재성 안에서의 초월'이다."* 그러므로 전통 현상학에서 말하는 내재성 안에서의 초월은 의식에 속하지 않으나 여전히 의식의 지향적 체험 관계 안에서 의미를 드러내는 세계와 나의 관련성을 뜻한다.**

레비나스는 이런 식으로 전통 현상학이 개진한 내재성 안에서의 초월에 파열을 내는 비/현상학적 작업을 통해 존재로부터의 탈출과 윤리적 지고함을 쫓는 초월을 더 급진적으로 제시한다. 그런데 왜 비/현상학적인가? 이는 레비나스가 여기서 후설의 지향성의 초월이나 내재성 안에서의 초월에 관한 명시적 반대 의사를 밝

---

* Rudolf Bernet, *La vie du sujet: Recherches sur l'interprétation de Husserl dans la phénoménologie* (Paris: Presses Universitaires de France, 1994), 134.

** 후설은 이렇게 말했다. "그러나 모든 실재성을 가진 세계, 그중에서도 나의 인간적 실재적 존재를 포함한 세계는 구성된 초월의 우주이며, 나의 자아의 체험들과 능력들 속에서 구성된 것이다(그리고 그럼으로써 비로소 나에게 존재하는 상호 주관성의 체험들과 능력들 속에서 매개되는 것이다)." Edmund Husserl, *Formale und transzendentale Logik. Versuch einer Kritik der logischen Vernunft*, Husserliana 17, hrsg. Paul Janssen (The Hague: Martinus Nijhoff, 1974), 178. 후설의 초월 개념에 관한 상세한 연구로는 다음 글을 참조하라. Dermot Moran, "Immanence, Self-Experience, and Transcendence in Edmund Husserl, Edith Stein, and Karl Jaspers," *American Catholic Philosophical Quarterly* 82:2 (2008): 265-291.

히면서 논증을 펼치기 때문이다. "실로 지향성의 초월 안에서는 통시성(다시 말해, 타인에 대한 책임이라는 방식으로, 근접성 안에서, 타자에 의해 동일자의 영감이 분절되는 바로 그 정신성 자체)이 **반박된다**."* 레비나스가 보기에 전통 현상학에서 추구하는 내재성 안에서의 초월, 곧 지향성의 초월은 궁극적으로 타자를 동일자 안에 환원하는 사유의 체제에 가깝다. 앞서도 살폈듯이, 현상학에서 사물은 언제나 주체의 지향적 체험의 구성에서 그 의미를 드러낸다. 물론 이 구성이 칸트처럼 주어진 것을 나의 선험적 개념을 따라 대상으로 정립하여 판단하는 작업은 아니지만, 여전히 그것은 동일자의 인식 작용 아래서 동일자에 대해 타자로 있는 것의 의미를 규정하는 효력을 발휘한다.

　　이런 전통 현상학의 초월에 대한 레비나스의 비판은 후설의 시간성에 대한 그의 해석에서 잘 드러난다. 후설이 제안하는 시간성은 현재적 의식의 동일성을 중심으로 타자를 붙잡는 경향을 잘 보여준다. 잘 알려져 있듯이, 후설에게 시간은 흐르는 계기나 움직임의 양화가 아니라 흐름 그 자체의 의미이다. 이런 시간의 흐름에 대한 체험은 지금 주어지는 근원 인상과 관련된다. 다만 지금-시간에 주어진 인상은 고정된 채로 있는 것이 아니라 과거부터 있어온 것이며, 또 미래의 흐름 속에 계속 주어질 어떤 것이다. 예를 들어,

---

* Emmanuel Levinas, *Autrement qu'être ou au-delà de l'essence* (La Haye: Martinus Nijhoff, 1974), 84. 《존재와 달리 또는 존재성을 넘어》, 문성원 옮김, 그린비, 2021)

실로폰의 도(과거의 음)-레(현재의 음)-미(미래의 음)에서 레의 인상에는 도의 흔적이 남고, 도래할 미에 대한 기대가 함축된다. 후설에게는 바로 이런 파지(과거 보유)와 예지(미래 예기) 속에서 근원 인상이 현재로서 현전한다.

레비나스는 이런 식으로 전개되는 후설의 시간 의식에 관한 사유가 타자를 여전히 동일자 안에서만 파악하는 대표적 사례라고 비판한다. 왜냐하면 시간의 흐름 속에서 감각적 인상은 파지와 예지 속에서 다채로운 변경을 겪는 것 같지만, 그 변용은 시간 의식의 지향적 체험 안에서 현재로서 관리되는 흐름에 불과하기 때문이다. 근원 인상은 파지와 예지 속에서도 현재적 의식으로 수렴되며, 시간 의식 안에서 동일자로 존속한다. "감각적 인상이 자기 자신과 다르면서도 달라지지 않는 수준에서 의식이 존재한다. 감각적 인상은 달라지지 않으면서 달라지는, 동일성 안의 타자다."* 동일자인 의식 안에 주어진 시간의 감각적 인상은 동일자를 달라지게 하지 않으며, 의식의 동일성 안에서 관리될 뿐이다. 더못 모런이 잘 지적한 것처럼, 후설에게서 "우리의 자기 경험의 핵심에는 '지금-순간', 불변하는 중심이 있다. 점진적으로 후설은 이를 그의 신비적 개념인 '생생한 현재 lebendige Gegenwart', '정지하면서도 흐르는' 생생한 현재의 관점에서 표현하기 시작한다".** 시간 의식에 주어진 것은 지금-

---

*   Levinas, *Autrement qu'être ou au-delà de l'essence*, 41.
** Dermot Moran, *Edmund Husserl: Founder of Phenomenology* (Cambridge, UK

순간이라는 불변하는 핵심에 놓이는 가운데 생생한 현재인 지금-시간의 의미를 획득하고, 지속한다. 그래서 레비나스는 이렇게 말한다.

> 생생한 현재 속에서 원초적으로 비대상화적이며 비대상화된 이 의식이 파지 속에서 '개별화'를 부여하는 자신의 시간적 위치를 조금도 상실하지 않으면서 주제화할 수 있고 주제화하는 것이 되자마자, 근원-인상의 비지향성은 질서 속으로 되돌아가며, 동일자-이전이나 기원-이전으로는 이끌지 않는다. (⋯) 후설에게서 감성의 시간은 회수할 수 있는 시간이다.*

이런 의미에서 지향성의 초월은 실은 내재성 안에서 초월을 사유하고 관리하는 것과 다름없다. 곧 감각적이고, 원초적인 시간의 "체험이라는 바로 그 근원적 수준에서조차, 의식은 여전히 지향성으로 남는다. '물론 특정한 지향성'이기는 하나, 파악된 상관자 없이는 생각할 수 없는 그러한 지향성이다".**

레비나스가 보기에, 지향적 체험으로 구성되는 동일자 안에서의 타자는 동일자의 의식 아래 여전히 인식의 대상으로 남는다. 심지어 끊임없이 흐르는 것처럼 보이는 시간조차 의식의 체험 안에

---

    and Malden, MA: Polity Press, 2005), 219.
*   Levinas, *Autrement qu'être ou au-delà de l'essence*, 42-43.
**   Levinas, *Autrement qu'être ou au-delà de l'essence*, 40.

서 의식의 상관자가 되어버리고, 끊임없이 현재적 의식으로 회수된다. 이에 후설의 학생이었던 현상학의 (비)계승자는 전통 현상학에서의 초월의 사유가 나보다 더 높은 너의 가르침, 낯선 자의 도래라는 현상성 너머의 계시, 또는 초-현상을 충분히 고려할 수 없다고 비판하며, 자신만의 고유한 초월을 더 급진화하고자 한다.

그러면 참된 초월은 무엇인가? 레비나스가 《존재와 달리 또는 존재성을 넘어》에서 사용하는 표현을 그대로 가져오자면, 이는 '무한의 초월'로 구체화된다. 이 초월은 내재성 안에서의 초월이 아닌 그 자체로 절대적인 타자의 초월이기에 동일자 안에서 관리될 수 있는 성격의 것이 아니다. 오히려 이 초월은 동일자의 시선과 의식을 송두리째 뒤흔들 수 있다. 특히 시간과 관련해서 볼 때, "무한의 초월은 한 번도 현재였던 적이 없는 과거처럼, 현재로부터의 되돌릴 수 없는 이탈이다".* 후설의 시간 의식과 명백한 대조를 이루는 이 진술은 레비나스가 추구하는 초월, 즉 무한의 초월이 의도하는 바를 분명하게 보여준다. 이는 무엇보다도 시간이 주체의 의식 흐름과 구성 속에 정연하게 배열되는 것을 중단시킨다. 만일 타자가 나의 시간적 체험 안에 정돈된 방식으로 주어진다면, 그 타인은 단지 나의 회고 대상으로 나에게 현전화될 뿐이다. 동일자의 재현전화라는 의식적 구성 속에서 타인은 내가 인상 깊게 읽은 책이나 맛있게 먹은 음식처럼, 기억되고 상상되는 가운데 현재적으로 주체화될 뿐이다.

---

*   Levinas, *Autrement qu'être ou au-delà de l'essence*, 196-97.

하지만 타자는 이런 동일자의 의식적 체험으로 떠올릴 수 있을 만큼 투명한 방식으로 주어지지 않는다. 우리는 이를 레비나스가 (앞선 어떤 작품에서보다) 《존재와 달리 또는 존재성을 넘어》에서 더욱 강력한 방식으로 제기하는, 고발 또는 비난으로 번역될 수 있는 accusation 개념과 더불어 생각할 때 더 잘 이해할 수 있다. 그에게 '비난' 또는 '고발'은 주체에게 가해지는 것이다. 말하자면 이는 도덕적 책임이 있는 주체가 그 책임의 명령을 수행했는지에 대한 고발과 비난이다. 그런데 레비나스는 《존재와 달리 또는 존재성을 넘어》에서 이런 비난 또는 고발이 지금 나에게 현현하는 타인에게서 도래한다는 식으로만 말하지 않는다. 이미 그런 논의는 《전체성과 무한》에서도 어느 정도 다루어졌다. 《존재와 달리 또는 존재성을 넘어》의 독특한 점은 나의 시간 의식과 동일성의 작용을 무효화하는 타인의 소리 없는 말 건넴이며, 이 말 건넴에 의해 내가 비난받을 수 있다는 사실이 극단적으로 제시된다는 데 있다. 말하자면 무한의 초월로서 타인의 말 건넴에 의해 나는 더는 내 존재의 기원이 되지 못하며, 재구성 또는 해체되기에 이른다. 여기서 그 유명한 '인질로서의 주체성'이 탄생한다.

인질로서의 주체성. 이 개념은 자기에 대한 자아의 현전이 철학의 시작 또는 완성으로 제시되는 견해를 전복한다. 내가 기원으로서 존재할(또는 기억에 의한 기원의 회복으로서) 이 **동일자** 안에서의 일치는, 처음부터 **타자**에 의해 해체된다. 자기에 안주하는 주체는 언어

없는 고발을 따라 그 자리에서 벗어나게 된다. 대화 속에서는, 실제로, 그것이 이미 그 트라우마적 폭력을 상실했을 것이다. 박해받는 자가 더 이상 응답할 수 없는 고발, (또는 더 정확히 말하자면) 내가 응답할 수 없는, 그러나 내가 그 책임을 회피할 수 없는 고발로서의, 이런 의미에서의 박해적인 고발.*

레비나스에 의하면, 타인의 고발은 내가 지금 내게 주어지는 것을 보고 나중에 추억하는 방식, 즉 회고적 방식으로 처리될 수 있는 것이 아니다. 타인의 고발, 책임의 요구는 나의 존재보다 더 오래된, 나의 기원에 앞서는 목소리로서 나의 주체성을 도덕적 비난과 고발의 대상으로 재구축하는 것으로 작동한다.

이제 현상성 너머로의 초월로서 무한의 초월이 의미하는 바가 명징하게 드러날 수 있다. 지금까지 언급했듯이 주체를 고발하는 무한의 초월은 시간 의식의 현상성의 초월, 곧 지향성의 초월인 내재성 안에서의 초월로 환원되지 않는 초월이다. 오히려 나를 구성하는 의식 활동을 무너뜨릴 만큼, 내가 통제할 수 없는 트라우마로 나를 몰아세우고, 강박을 일으키는 것이 무한의 타자의 초월이다. 이에 나의 의식은 생생한 현재를 중심으로 놓고 살 수 없다. "왜냐하면" 타자의 초월에 의해 발생한 "시간의 간극은 또한 회복 불가능한 것, 현재의 동시성에 저항하는 것, 표상될 수 없는 것, 기억 이

---

* Levinas, *Autrement qu'être ou au-delà de l'essence*, 163.

전의 것, 그리고 전-역사적인 것이기 때문이다".* 나를 살려달라고 외치는 타자의 목소리를 들어본 기억이 있는가? 고통 속에서 무정하게 나를 홀로 두지 말라고 하는 얼굴의 외침 앞에 우리는 어떻게 해야 하는가? 이러한 타자의 말 건넴은 시간이 흐른다 하여 내가 추억의 상자 속에서 아무때나 꺼낼 수 있는 장신구처럼 보관되는 것이 아니다. 그것은 나의 의식을 해체하며 나를 기억 이전의 트라우마와 강박에 시달리게 한다. 무한한 타인의 초월로 인해 발생한 그 트라우마와 강박이 나를 인질로서의 주체로 변모시킨다.

이렇게 레비나스의 초월은 (적어도 전통 현상학과 견줄 때는) 의식에 주어지고 나타나는 기술의 대상이 아니라는 점에서 비현상학적 의미를 획득하며, 이는 그의 고유한 용어를 따르자면 무한의 초월로서, 현상성 너머에서 나를 새로이 의미화하는 방식으로 내게 말을 건넨다는 점에서 종교적 계시로 다가온다. 이전의 작업과 견주어보면, 무한의 초월은 (《탈출에 관해서》에서 처음 개진된) 자기 존재로부터의 초월을 더 급진적인 방식으로 성취한다. 무한인 얼굴의 초월은 나의 의식을 허물고, 자신이 기원이 되는 주체의 존재 구성을 해체하는 방식으로 폐쇄적인 자아의 동일성으로부터 나를 벗어나게 해준다. 이로써 자아는 타자에게 붙잡힌 인질로서의 주체성을 획득하고, 자기를 완성하고 보존하기 위한 자기와의 투쟁이나 의식적 투명성을 유지하려는 상태에서 벗어나 책임의 주체로 변형된

---

*   Levinas, *Autrement qu'être ou au-delà de l'essence*, 48.

다. 또한 이것은 (《전체성과 무한》에서 개진된) 높은 데를 여전히 향한다. 이때 높은 것은 존재와 현상 세계 너머의 윤리, 하늘의 윤리로 더 급진화되어 표현된다. "외재성에 관한 강조는 탁월함이다. 높음Hauteur, 하늘ciel, 하늘의 왕국은 윤리적이다. 이 과장법, 이 예외는 그 무사심성désintéressement 속에서의 '타자를-위함'이다."*

우리는 이런 초월의 성격을 다음과 같이 간략하게 정리할 수 있을 것 같다. 무한의 초월 덕분에 존재에서 벗어난 자아는 인질로서의 주체성을 획득하고, 스승인 타인을 향하는 높음의 상향 초월은 하늘 왕국의 윤리로 더 급진화된다. 보기에 따라 지나치게 과장된 이 초월의 급진화 내지 철저화를 어떻게 이해할 수 있을까? 《초월과 인식 가능성》이란 짧은 텍스트, 《존재와 달리 또는 존재성을 넘어》 이후에 나온 이 텍스트가 바로 이 과장법에 관한 이해를 돕는다.

초월의 인식 가능성으로서의 신학:
이 땅에서 성취하는 하늘의 지혜

《초월과 인식 가능성》은 오롯이 초월만을 주제로 삼아 전개된, 1983년 6월 1일 스위스 제네바대학교에서 레비나스가 전한 강

---

* Levinas, *Autrement qu'être ou au-delà de l'essence*, 231. '무사심성'에 대해서는 34쪽의 각주를 참조하라.

연이다. 여기서 레비나스는 이전까지 자신이 제안한 초월을 조금 더 구체적인 방식으로 전한다. 그는 앞에서와 같이 전통 현상학에 대한 반현상학적 태도를 견지하면서 자신의 논지를 더 직접적인 방식으로 압축한다. 그에 의하면, 전통 서구 철학은 타자를 인식할 수 있는 존재로 취급했다. 그리고 이것은 후설의 현상학이 계승한 측면이기도 하다.

그런데 이렇게 유럽 철학을 통해서 또한 확증되는 것은, **앎**이 인간의 본질적 과제로 평가되며, 이에 대해 어떤 것도 절대적으로 타자로 남지 않는다는 점이다. 곧 절대지, 만족하는 인간의 자유에 관한 학설인 헤겔주의(후설의 현상학과 마찬가지로 서구 사유가 벌인 다양한 시도의 귀결이라 할 수 있는 것)가 사유의 증진을 일으킨다. 여기서 사유의 증진이란 사유의 충만한 야심 가운데서 타자로서의 타자를 경시하게 되는 것을 말하며, 이 타자는 노에시스noesis 의 노에마noema 로 머물지 않으면서 인간에게 중요할 수 있는 자다. 사유의 노동은 사물과 인간의 모든 타자성을 극복하는데, 바로 여기에 합리성 자체가 존재한다. 개념적 시놉시스가 모든 다양성과 한데 모이지 않는 항들의 그 모든 양립 불가능성보다, 그리고 근본적이면서도 환원 불가능하다고 하는 모든 통시성보다 더 강하다. 마찬가지로 후설의 현상학에서 의식은 지향성이다. 사유 작용cogitation 은 그 자신에게서 벗어나 나오지만, 사유된 것cogitatum 은 사유에 현전하며, **노에마**는 노에시스 동등시되고 그 지향에 부합하게 된다. 후설 현상학에서는 사유의 지향을 탐구하는 것만으로도 사유가 본디 무엇을 향해 나아가고자 하는지를 알기에 충분하다. (20~21쪽)

이 점에서 현상학은 의식의 지향성으로 타자를 흡수하는 동일자의 철학이며, 내재성의 철학이다. 레비나스는 이를 극복하는 것, 내재성 안에서의 초월에 그치지 않는 초월을 사고하는 것이 사유의 과제라고 주장한다. "그런데 우리는 사유 아래에서 의식과는 다른 무엇을 찾을 수 있는가? 그리고 모든 초월적인 것을 내재성으로 환원하지 않으며, 초월을 이해하면서도 훼손하지는 않는(타자를 동일자로 동화시키는 것도 아니고, 타자를 동일자에 통합시키는 것도 아닌) 것을 추구하는 사유란 결국 무엇인가?"(31쪽) 이렇게 문제를 제기하면서 레비나스는 다시 무한으로 돌아가는데, 이는 그가 이전에 보여준 사유와 크게 다르지 않다. 여전히 그는 데카르트에 의존하면서, 지향적 상관자가 될 수 없는 이 무한한 신이 곧 무한의 초월에 관한 사유의 모형일 수 있다는 점을 재확인한다.

예외적 관념이자 유일무이한 관념인 무한의 관념은 데카르트에게 신에 대한 사유다. 무한의 관념에 대한 현상학에서 이러한 신에 대한 사유는 주체의 의식 작용으로, 순수한 주제화하는 지향성으로 남김없이 환원되지 않는다. 항상 '지향적 대상'의 척도에, 지향적으로 그렇게 **사유된 대상** ideatum, **관념의 대상**의 척도에 머물며 대상을 장악하는 관념들이나 사유가 세계를 점진적으로 **파악하는** 관념들과는 대조적으로, 무한의 관념은 사유가 스스로 담을 수 있는 것보다 더 많은 것을, 그 코기토의 능력을 넘어 더 많은 것을 담을 것이다. (33쪽)

유한이 무한을 담을 수 없다는 생각, 타자의 타자성은 바로 이렇게 유한이 지향적 상관자로 삼을 수 없는 무한으로 도래한다는 주장은 레비나스가 이전부터 오랫동안 견지한 논지다. 레비나스의 철학을 따르자면, 이렇게 나의 사유의 지평과 능력으로 환원할 수 없는 타자라야만 절대적 의미의 초월, 외재성인 초월의 의미를 발할 수 있다. 여기까지는 이전에 레비나스가 데카르트를 자기 사유의 자양분으로 삼으면서 설정한 무한의 초월에 관한 관념과 크게 다를 바 없다. 《초월과 인식 가능성》에서는 이전보다 더 노골적으로 신과 종교의 초월을 무한과 연결한다.

그러나 이 무한의 관념이 어떻게 유한한 사유 안에 담길 수 있는지가 문제다. 유한한 사유 안으로의 무한의 도래나 강림 또는 수축은 어떤 경우든지 세계 내에서 앎의 지향에 적합한(또는 등가를 이루는) 대상의 직접적 주어짐이 아니라, 신이라고 지칭되는 것의 의미를 기술하는 하나의 사건을 명명한다. (35쪽)

신은 레비나스가 타인을 신격화하겠다는 의도로 제안한 것이 아니다. 그가 분명히 말하길, "사랑이 반#신에 관련한 것이 아니라는 것"(44쪽)을 잊지 않는 것이 중요하다. 여기서 반신이란 절반은 신적이고 절반은 인간적인 것이 혼합해 있는 것을 가리키는데, 레비나스는 윤리적 의미의 사랑이 타자를 신격화하는 것은 아니라는 점을 명시하기 위해, 또한 사랑이 서로의 결여를 채우기 위해 둘이 하나로 융합되는 것이 아니라 양자가 계속 분리되어 있는 관계에서 일어난다는 점을 함축하기 위해 이 용어를 사용한 것으로 보인다. 그런데 레비나스는 타자가 신일 수는 없음을 분명하게 명시하면서도, 자신이 추구하는 윤리적 의미의 초월이 결국 새로운 의미의 신학과 관련한다는 점을 명시적으로 밝힌다.

> 무한의 근접성과 그것이 수립하고 명령하는 사회성이 **통일성의 일치** 보다 더 나을 수 있다는 것, 비록 비참함에 대한 진술로 다시 떨어지지 않고자 풍요로움의 용어로는 말할 수 없다 해도 사회성은 그 다원성 자체로 인해 환원 불가능한 탁월성이라는 것, 타자와의 관계나 타자에 무관심하지 않음이 타자를 동일자로 환원함으로 이루어지지 않는다는 것, 종교가 존재 '경제'의 계기가 아니라는 것, 사랑이 반半신에 관련한 것이 아니라는 것. 이것이야말로 또한 신학이나 초월적인 것의 인식 가능성으로 이해된 인간의 인간성 또는 우리 안의 무한 관념이 의미하는 것이다. (43~44쪽)

우리는 앞서 레비나스가 초월을 사유할 때, 상향 초월로서의 높음에 관한 사유를 유지하는 가운데 1974년 텍스트에서 이 높음의 초월을 다음과 같이 표현했다는 점을 확인한 바 있다("외재성에 관한 강조는 탁월함이다. 높음, 하늘, 하늘의 왕국은 윤리적이다. 이 과장법, 이 예외는 그 무사심성, 탈이해관계 속에서의 '타자를-위함'이다."). 이 초월에 관한 과장법이 1980년대에 이르러서는 급기야 신학으로 표현되고 있다. 이는 이전까지 보여준 신학에 대한 레비나스의 부정적 태도에 비추어보면 다소간 이례적인 태도다. 그는 주저인 《전체성과 무한》에서 신학에 관한 반대를 명시적으로 나타낸 바 있다. "신학은 신과 피조물 간의 관계 개념을 존재론적 용어로 경솔하게 다룬다. 그것은 존재에 적합하다고 여겨지는 전체성의 논리적 특권을 전제한다."* 이때 레비나스가 비판하는 신학은 신이나 (타자를 포함한) 다른 존재자를 존재의 체계 아래에서 사유하는 존재-신-학Onto-theologie을 의미한다. 이에 말년의 레비나스는 "존재에 오염되지 않은 신을 이해하는 것"**으로서의 신학을 다시 소환하기에 이른 것이다.

그렇다면 절대적 초월로서의 초월자인 신, 존재가 아닌 신을 이해하는 것은 대체 무엇일까? 레비나스는 신에 대한 그의 고유한 의견을 바꾼 것인가? 여기서 '초월적인 것의 인식 가능성'이나 '존재에 오염되지 않은 신을 이해하는 것'은 말 그대로 존재-신학 이후 또는 그 너머에서 도래하는 신에 대한 앎을 말한다. 그러므로 레비나스가 의도하는 신학은 서구 철학에서 우선 그리고 대개 인간이 인식할 수 있는 차원에 속한 것으로 간주되는 최고 존재인 신에 대

---

*　　Levinas, *Totalité et infini*, 269.
**　　Levinas, *Autrement qu'être ou au-delà de l'essence*, x.

한 앎을 말하는 것은 분명 아니다. 이와 달리 초월에 대한 과장 또는 급진화에서 비롯하는 실천적 의미의 신학이 그러한 존재론적 앎의 체계 너머의 신을 엿보기 위해 도입되었다. 이는 이전까지의 입장을 부정하는 것이라기보다는 그가 신학 대신 사용하기를 선호한 종교, 곧 '다시'를 뜻하는 re와 '묶다, 연결하다'를 뜻하는 ligare의 합성어인 라틴어 동사 religare에 착안하여 "전체성을 구성하지 않으면서 동일자와 타자 사이에 확립되는 연결"*을 의미한 종교를 새로운 의미의, 갱신된 의미의 신학에 대한 사유로 확장한 것이다.

    그렇다면 이전까지 레비나스가 선호한 종교의 의미를 더 급진화한 새로운 신학의 의미에 가닿은 초월이란 대체 무엇일까? 분명 신학은 말 그대로 신에 대한 담론이다. 그런데 존재로서 규정하거나 교의나 신조 credo 의 의미로서, 곧 '나는 믿는다 credo'는 고백의 대상으로 신을 말하는 신-담론은 다시금 신을 존재론적이거나 교의적인 규정으로 종속시키는 전통적 의미의 신론으로 회귀하게 된다. 그러므로 '초월적인 것의 인식 가능성'은 이와 달라야 할 것인데, 그런 새로운 이해 가능성의 실마리를 레비나스는 다음과 같은 말로 마련해놓았다.

> 따라서 내가 신에 대해 아는 모든 것, 그리고 내가 그분의 말씀으로부터 듣고 또 그분께 이성적으로 말할 수 있는 모든 것은 윤리적 표

---

* Levinas, *Totalité et infini*, 10.

현 안에서 드러나야 한다. 신을 아는 것은 무엇을 해야 하는지 아는 것이다. (…) 마이모니데스에 따르면 우리가 가질 수 있는 신 인식은 부정적 속성의 형태로 진술되지만, 이는 윤리로부터 긍정적인 의미를 부여받는다. 즉, '신은 자비로우시다'는 것은 '그분처럼 자비로워져라'라고 하는 것을 의미한다. (…) **신을 안다는 것은 무엇을 해야 하는지를 아는 것이다.**[*]

레비나스는 신을 알고자 하고, 말하고자 하는 담론인 신학에서의 앎을 행위에 대한 앎 또는 행위 자체로 바꾼다. 그러므로 무한의 초월을 이해한다는 것은 내가 마땅히 해야 하는 일이 무엇인지 알고 이를 행하는 것과 다름없다. 이는 미가서에 등장하는 가르침과 맥을 같이 한다. "이 사람아, 야훼께서 무엇을 좋아하시는지, 무엇을 원하시는지 들어서 알지 않느냐? 정의를 실천하는 일, 기꺼이 은덕에 보답하는 일, 조심스레 하느님과 함께 살아가는 일, 그 일밖에 무엇이 더 있겠느냐? 그의 이름을 어려워하는 자에게 앞길이 열린다"(미가 6:8). 결국 존재로부터 벗어나 나보다 더 높은 자인 타인에게 복종하고 헌신한다는 의미의 상향 초월을 제시하는 레비나스의 초월은 이렇게 실천적 의미의 신학에 이르게 된다. 이때 신학은 전통적인 존재-신학처럼 최고 존재에 대한 앎이 아니라 행위를 통

---

[*] Emmanuel Levinas, *Difficile liberté: Essais sur le judaïsme* (Paris: Albin Michel, 1963), 33-34.

해 존재하는 것 너머의 높음에 가닿는 것을 말한다. 즉, 타인을 섬기고 이웃을 사랑하는 모든 행위는 윤리적 초월로서 '하늘의 윤리'다. 이제 초월에 대한 사유는 지고한 높음의 뜻을 이해한다는 의미에서 신학적인 것이 되었고, 이때 앎은 내가 무엇을 해야 하는지, 내가 이웃을 어떻게 사랑해야 하는지를 아는 것이다.《초월과 인식 가능성》에 등장하는 결정적 표현을 인용하자면, 이때의 신학 또는 새로운 현상학은 "인간적 또는 상호 인간적 얽힘을 궁극적 인식 가능성의 직조물로서 탐구하는 것"이면서 "하늘의 지혜가 땅으로 돌아오는 길"(42쪽)을 내는 작업이라 해도 좋을 것이다. 이제 '하늘의 지혜가 땅으로 돌아오는 길'을 탐구하는 과제는 이전의 현상학으로는 가능하지 않다. 이 맥락에서 《존재와 달리 또는 존재성을 넘어》에서도 내비친 일종의 반현상학이 《초월과 인식 가능성》에서는 더 명시적으로 드러난다.

> 이러한 경배의 촉발성과 이 눈부심의 수동성이 한층 더 심화된 현상학적 해석을 수용할 수 있다는 것, 또는 이 촉발성과 수동성이 처음부터 타인의, 곧 내 이웃의 타자성의 상호 인격적 질서와 타인에 대한 나의 책임 앞에 처음부터 자리매김한 분석에 합류할 수 있다는 것, 이 모든 것은 분명 데카르트 텍스트의 범위에 속하는 것이 아니므로, 우리는 이 쟁점을 여기서 더 전개하지 않을 것이다.
> 그런데 현상학을 한다는 것은 단지 은밀한 대체, 미끄러짐, 그리고 의미의 대리에 맞서 추상 속에서 혹은 고립 속에서 위협받는 언어의

의미화를 보증해주는 것만이 아니다. 또한 단지 언어가 가려버리고 망각하게 만드는 사유를 탐문하여 언어를 통제하는 것만도 아니다. 현상학을 한다는 것은 무엇보다도 추상적으로 주어진 것의 최초의 '지향' 주위에서 열리는 지평들 속에서 인간적(또는 상호 인간적) 얽힘intrigue을 탐구하고 환기해내는 것이다. (41쪽)

그러므로 초월을 탐구하는 과제는 최소한 새로운 현상학을 요구하고, 어쩌면 새로운 신학 또는 신학적인 것과 어울리는 현상학을 통해 이루어져야 할 것이다. 이렇게 우리는 말년에 이르러 종교와 초월을 더 적극적으로 사고하려 한 레비나스를 만나게 된다. 실제로 레비나스의 언어와 철학은 1970년대와 1980년대에 이르면 사뭇 달라진다. 되도록 엄밀한 철학적 자장에 머무르려고 했던 이전의 태도와는 달리, 신학적 언어를 사용하는 것에 더하여 새로운 의미의 신학이나 종교를 도입하는 데에도 거침이 없어 보인다. 베티나 베르구는 이런 식의 거침없음 덕분에 "레비나스에 대한 두 가지 가능한 독해, 즉 세속적 독해와 종교적 독해가" 모두 가능해진다고 평한다. 이는 흥미로운 주제지만, 본 해제에서 다루기는 버겁다. 대신 베르구의 짤막한 평에서 이 주제에 대한 궁금증을 다소간 해소할 수 있다.

70년대와 80년대에 레비나스는 마치 자신의 기획으로부터 해방된 것처럼 글을 쓰며, 의미는 '신'과 '타자'를 동시에 가리키는 그의 수수께끼, 또는 양의성에 관한 풍부한 결을 갖추게 된다. 그것은 개방성, 상처 입을 가능성, 행위와 초월, 탈-이해-관계성 dis-inter-estedness (즉, 존재 Being 의 질서에 사로잡히지 않음)을 가리킨다. 이것들이 근원적 의미 작용 안에서 다뤄지는 레비나스의 마지막 탐구들이다.*

이렇게 신과 타자를 동시에 가리키는 마지막 탐구가 구체적으로 어떤 내용으로 이루어져 있는지는 향후 더 연구해야 할 몫으로 우리에게 남아 있다. 어쩌면 레비나스에게서도 이 부분은 다소 미완의 기획으로 남아 있는 것처럼 보이기도 한다. 다만 이 짧은 책에 실린 대화에서 우리는 그 구체적 밑그림 하나를 발견할 수 있다. 그것은 레비나스가 대담 중 밝힌 확신에 찬 답변에서 비롯한다. "저는 케노시스를 받아들입니다. 전적으로요."(72쪽) 보통 케노시스는 그리스도교 신학에서 자주 사용하는데, 필리피 신자들에게 보낸 서간 2장 6~8절이 그 근거 구절로 많이 사용된다.

그분께서는 하느님의 모습을 지니셨지만 하느님과 같음을 당연한 것으로 여기지 않으시고 오히려 **당신 자신을 비우시어** 종의 모습을 취하시고 사람들과 같이 되셨습니다. 이렇게 여느 사람처럼 나타나 당신 자신을 낮추시어 죽음에 이르기까지, 십자가 죽음에 이르기까

---

*   Bettina Bergo, "Ontology, Transcendence, and Immanence in Emmanuel Levinas's Philosophy," *Research in Phenomenology* 35 (1):141-180 (2005), 171~172.

지 순종하셨습니다. (강조는 필자)

프랑스어권에서 나온 가장 저명한 신학 사전 중 하나인 《신학 비평 사전》의 '케노시스' 항목을 쓴 에밀리오 브리토가 지적하듯이, 이는 신학적 그리스도론의 핵심 가운데 하나다.

그리스도론은 하느님 자신이 아들 안에서 전적인 하느님으로 존재하고 머무르면서도 자기를 낮추셨다는 사실을 진지하게 받아들여야 한다. 십자가에 못 박힌 자의 완전한 무력함과 죽음의 고통 속에서도, 하느님의 완전한 신성은 조금도 감소되지 않았다. 하느님의 스스로 낮추심은 그의 권능의 넘치는 풍요로움을 보여준다.*

즉, 그리스도교 신학에서는 신이 전능자이자 주권자인 자신의 본질적 지위를 포기하고, 자신을 인간으로 낮춘 케노시스가 그리스도론의 핵심을 이루는데, 이런 케노시스를 따라 신의 신성은 단지 강함이 아니라 약함과 겸허함을 동시에 내포하게 된다.

그런데 유대교 철학자인 레비나스는 이를 훨씬 더 윤리적인 방식으로 받아들인다. 그는 구약 성서에 의존하면서 이렇게 말한다.

---

* Emilio Brito, "Kénose," in *Dictionnaire critique de théologie*, troisieme édition revue et augmentée par Olivier Riaudel et Jean-Yves Lacoste (Paris: Presses Universitaires de France, 1998; "Quadrige," nouvelle édition revue et augmentée, 2007), 757.

진정한 기도는 결코 **자기를 위한** 기도가 아닙니다. 사람은 진실로 언제나 타인들을 위해 혹은 이스라엘을 위해 기도합니다. 박해 속에서 이스라엘이 겪는 시련은 이스라엘의 시련과 계시에서 드러나는 하느님의 영광에 대한 훼손을 의미합니다. 그리고 가장 인상적인 점은 이것입니다. 고통 속에 있는 인간, 아픔으로 찢긴 인간은 **자기를 위해** 기도할 수 있습니다. 하지만 개인의 고통은 언제나, 시편 91편 15절에서 보듯 "환난 중에 그와 함께 하시는" 하느님의 고통입니다. 자신을 위한 진정한 기도의 의미는 고통받으시는 하느님을 위한 기도입니다. 여기에 유대교가 선포하는 케노시스에 관한 구절이 있습니다. 즉, 비참한 이들의 비참함과 스스로 연대하시는 하느님의 낮아지심! 그리고 의심할 여지 없이, 이 고통의 신학의 항들을 뒤바꿔서, 나의 고통 속에서 하느님께 오는 고통으로부터 시작하여 그분을 이해할 수도 있습니다. 나의 고통 속에서 고통받으시는 분은(비록 그것이 나의 죄로 인해 마땅히 받아야 할 고통일지라도) 바로 하느님이시라고 말할 수 있습니다. (74~75쪽)

이렇게 레비나스는 신자가 나 자신을 위해서가 아니라 타인을 위해서 하는 기도 행위 자체가 케노시스에 동참하는 것이라고 본다. 이는 신이 고통 가운데 신음하는 타인과 함께 고통받는 자로 있기 때문이다. 그러므로 타인을 위한 기도는 곧 신을 위한 기도가 되며, 나는 타인을 위해 기도하는 가운데 사실상 우리와 함께 고통받는 신을 향하게 되고, 바로 그렇게 스스로의 보존이나 행복이 아니라 타인의 행복과 안녕을 염려하는 자가 됨으로써 하늘의 지혜, 하늘의 윤리에 연결된다.

생셰롱과의 대화를 보면, 레비나스는 그리스도교 신학과 신약 성서를 존중하면서도 이런 케노시스의 사상을 (《초월과 인식 가능성》에서와 마찬가지로) 유대교의 신학 전통 안에서 발견하려고 애쓴 것처럼 보인다.

하느님의 이름을 위해 죽는다는 것은, 적어도 유대 성서에서는 빈번하게 나타납니다. 그리고 에스더가 자신의 백성을 구하기 위해 이러한 인질의 조건을 감수하는 위험을 감내하지 않았습니까? 이는 왕이 홀을 내밀지 않았는데도 그에게 접근하는 자는 죽음의 위험을 무릅쓰는 것이었기 때문입니다. (…) 히브리어에서 카도쉬 kadosh라는 단어는 '거룩한' 신에게 적용될 뿐만 아니라, 케도심 kedoshim, 즉 '거룩한 자들'인 인간에게도 적용된다는 것을 잘 알고 계실 것입니다. 이는 탈무드 시대로 거슬러 올라가는 고대의 전통에 해당합니다. 유대교에 자비가 없고 오직 정의만 있다고 가정하지 않는다면 말입니다. 예배 의식에서 사용되는 헤세드 셸 에메트 h'essed shel émet, 즉 '진리의 사랑'이라는 표현은 자비를 의미합니다. 거룩함의 모든 근원성은 다른 많은 성질을 넘어, 또한 가장 큰 비참함이기도 합니다. 그것은 타인으로부터 도래할 수 있는 비참함 속에서도 타인에 대한 선을 원하는 힘입니다.*

이처럼 레비나스가 말년에 추구한 케노시스의 신학은 내가 곧 다른 사람의 고통을 염려함으로써 자기를 고통받는 자리에 놓는, 사랑의 자비를 실현하는 메시아로 나를 설정하는 것을 뜻한다. 이는 신약 성서에서 더 명징하게 나타나는 바이지만, 레비나스가 이 책에서 그 스스로 말하길 (적어도 레비나스 자신에게는) "아무런 부족함이 없는"(66쪽) 경전인 구약 성서에도 분명하게 적시되어 있는 사상이다. 고통받는 타인과 연대하는 신의 낮아짐에 동참하는 기도, 에스더처럼 자기 백성을 구하기 위해 인질의 조건에 처하는 위험을 감내하는 삶. 이것이 레비나스에게는 하늘의 지혜이며, 철학자로서 그는 이를 조금 더 철학적인 언어로 구현하고자 했다. 이것은 그의 철학의 도전이면서 그 자체로 신학의 갱신을 요구하는 도전이기도 하다. 여기서 갱신이란 자기를 비우고 타인을 위해 메시아가 되는 케노시스 윤리학을 통해 신학을 윤리적 신학으로 전환하려는 시도라고 할 수 있다. 물론, 이것이 직접적으로 신학을 구성하는 작업이라고 할 수는 없다. 다만 철학을 통해 간접적으로 신학의 갱신에 이바지하려는 도전 정도로 이해할 수는 있을 것이다. 섣불리 이를 레비나스의 신학이라고 규정적으로 말한다면, 오히려 그는 다음과 같이 반응할지 모른다. "아니오. 들어보세요. 이러면 우리는 신학을

---

* Michaël de Saint-Cheron, *Entretiens avec Emmanuel Levinas 1983-1994: suivis de De la phénoménologie du visage à une philosophie de la rupture* (Paris: Le Livre de Poche/LGF, biblio essais, nouvelle édition, 2010), 38-39.

하고 있는 거예요!"* 후기로 갈수록 빈번해지는 신과 타자에 대한 언급을 누군가는 그 자체로 신학으로 간주할지 모르지만, 레비나스는 최소한 그 태도에서나 사유의 지향에서 신학 자체를 체계적으로 구축하여 스스로 신학자가 되려고 한 적은 없었다. 다만 그가 경전들에 대한 철학적 독해를 통해 전통 신학의 갱신을 유도한 것만큼은 분명하며, 말년에 이르러 원래는 비판의 대상으로 언급한 신학이란 용어를 더 긍정적인 형태로 사용하고 신학적 언어를 쓰는 데도 별다른 거리낌이 없어진 것만큼은 분명해 보인다.

이 땅에서 실현하는 하늘의 지혜

지금까지 살펴본 것처럼, 레비나스의 초월은 자기 존재로부터의 벗어남에서 시작하여 나보다 더 높은 스승인 타자를 향한 상향 초월로 전개되었다. 이러한 개념은 철학적 차원에서 현상학과의 대화를 통해 전통적 의미의 현상학을 넘어서는 초월, 내재성으로 환원되지 않는 초월을 고안하여 이를 정당화하는 방식으로 발전했다. 결국 이러한 사유는 초월의 급진화 또는 과장에까지 이른다.

---

* Emmanuel Levinas, "Philosophie, Justice et Amour" (1982), in *Entre nous: Essais sur le penser-à-l'autre* (Paris: Bernard Grasset, 1991), 128. (《우리 사이: 타자 사유에 관한 에세이》, 김성호 옮김, 그린비, 2019)

레비나스가 추구하는 초월의 과정은 본서에서 보듯 하늘의 윤리이며, 궁극적으로 신학의 성격을 가지는 것으로 간주되었으며, 이는 대담에서도 나오듯 케노시스의 신학으로 보이기까지 한다. 그런데 이것이 피안이나 황홀경을 인식하는 신비주의로 이해되어서는 안 된다. 앞서 해명한 바와 같이, 이때 초월 또는 초월적인 것의 인식은 내가 타인을 위해 무엇을 행해야 하는지를 아는 것이다. 이러한 초월에 대한 인식 가능성은 자연스럽게 전통 형이상학의 존재와 신의 결합, 즉 존재-신학을 거부하고 극복하는 하나의 길이 된다. 다만 레비나스에게 케노시스는 그리스도가 아니라 인간이 인간의 고통을 함께 느끼는 신의 낮아짐에 가담하는 것을 뜻한다. 따라서 케노시스적 주체는 스스로를 위해 기도하고 삶을 향유하기보다 타인을 위해 기도하고, 타인을 위해 위험을 무릅쓰는 삶으로 나아가야 한다.

레비나스의 표현대로, 이런 식의 초월은 하늘의 지혜를 땅으로 돌아오게 하는 신학으로 사유된다. 전통적 의미의 신학, 존재-신학으로서의 신 담론은 유한한 지성을 통해 존재 너머의 초월자를 사유하려다 보니 나의 사유 한계 안에 존재 너머의 선이나 신과 같은 저 너머의 것까지도 존재로 환원하는 오류를 범하기 쉬웠다. 레비나스가 초월을 사유하면서, 세계의 존재 내재성으로 환원될 수 없는 무한의 초월을 사유하면서 극복하고자 한 것이 바로 그러한 존재론 중심의 사유였다. 이렇게 함으로써 우리는 철학의 제일 목적처럼 간주된 존재와 진리에 대한 인식이라는 사명을 윤리와 행위로 전환할 수 있다.

그가 말년에 신학적 언어를 사용하면서까지 초월을 과장하고 강조한 것은 그의 말 그대로 윤리라는 하늘의 성스러움을 이 땅에서 실현하기 위해서였다. 다르게 표현하자면, 데리다가 증언하듯이 경직된 법칙으로서의 윤리가 아니라 인간들의 관계에서 발견되는 선함으로서의 성스러움을 구현하기 위한 시도였다고 할 수 있다.

어느 날 미셸-앙주가에서 내게는 그 기억이 너무나 소중한 그의 사유의 빛남, 미소의 선함 그리고 생략법이 지닌 우아한 유머로 환히 밝아진 그와의 대화 중 한 자리에서, 그는 제게 이렇게 말했습니다. '당신도 아시다시피, 사람들은 종종 제가 한 일을 기술하기 위해 윤리학에 관해 이야기합니다만, 궁극적으로 제가 관심을 둔 것은 윤리학이 아닌, 단지 윤리학만이 아닌 성인, 성인의 성스러움입니다.'*

계산과 이해관계로 점철된 사회 속에서도 우리는 때때로 그러한 타산적인 삶을 초월한 성스러운 삶을 목격한다. 이러한 삶은 대체로 타인에 대한 책임과 사랑, 헌신으로 등장한다. 위험을 무릅쓰고 타인을 위해 사는 사람들이 있다. 전쟁의 한복판에서도 고통받는 이들이 무정하게 혼자 있게 두지 않는 이들이 있다. 범속한 공명심이나 이해관계로는 도무지 설명할 수 없는 삶이 아닌가? 에스더가 그랬던 것처럼 타인을 위해 위험을 무릅쓰다가 "그러다가 죽

---

*   Jacques Derrida, *Adieu à Emmanuel Lévinas* (Paris: Galilée, 1997), 15.

게 되면 기꺼이 죽겠습니다"(에스더 4:16)라고 온몸으로 고백하는 삶이 곧 하늘의 성스러움이 아니면 무엇이겠는가? 레비나스에게는 이런 삶이 참된 인간주의이자 하늘의 지혜를 이 땅에서 구현하는 초월이다. 레비나스의 다음과 같은 말은 이러한 초월과 신, 이 땅에서 실현되어야 할 하늘의 성스러움의 의미를 정의로 구체화하여 더 분명하게 나타낸다.

> 하늘의 신은 그 초월성을 조금도 잃지 않으면서도 접근 가능해지며, 동시에 신앙인의 자유도 부정되지 않는다. 이러한 중간 영역이 존재한다. (…) 타자, 나의 이웃에게 행해진 정의는 나에게 신과의 넘어설 수 없는 근접성을 부여한다. 그것은 정의 없이는 아무것도 아닌 기도와 전례만큼이나 내밀하다. 신은 폭력을 행한 손으로부터는 아무것도 받을 수 없다. 경건한 자가 곧 의로운 자다.[*]

성스러움은 단지 성스러운 자에게 예배함으로써 얻어지는 것이 아니다. 우리가 이 땅에서 정의로울 때 초월과 성스러움 역시 비로소 성취된다.

해제를 마무리하며, 문예출판사에서 오래전 출간하여 지금까지 독자들에게 널리 사랑받고 있는 《시간과 타자》와 관련하여 이

---

[*] Levinas, *Difficile liberté*, 34

책을 어떻게 읽으면 좋을지 안내하고자 한다.《시간과 타자》는 레비나스의 초기 사유에서 중기의 주저라 할 수 있는《전체성과 무한》으로 향하는 길목에 있는 중요한 저작이다. 출간 당시 마흔두 살이었던 레비나스는 익명적 존재를 넘어 존재의 주인이 된 향유 주체의 홀로서기와, 이 주체가 초월을 향해 나아가는 욕망을 훌륭하게 그려낸다. 이때 초월은 죽음, 에로스, 그리고 궁극적으로는 나의 존재 경제에 가둘 수 없는 타자와의 관계에서 성취되는 것으로 제시된다.《초월과 인식 가능성》의 레비나스, 즉 일흔여덟 살의 노철학자에게 초월은 새로운 인식 가능성 속에서 접하는 사랑의 지혜가 된다. 나보다 더 높은 무한인 타인의 부름에 응답할 수 있도록 늘 깨어 있는 정신의 각성 속에서 이 초월은 비로소 이해 가능한 것으로 간주된다. 하늘의 지혜가 이 땅에서 실현되는 것은 이러한 무한과 나의 상호 인간적 얽힘을 탐구하는 것이며, 이것이 새로운 의미의 현상학이자 갱신된 의미의 신학이 된다.

  요컨대, 중년의 레비나스가 이러한 초월의 밑그림을 폭넓게 그려주었다면, 노년의 레비나스는 상호 인간적 얽힘이라는 사회성 안에서 무한의 초월성을 탐구하되, 이를 하늘의 지혜와 성스러움을 이 땅에서 성취하려는 시도로서, 더욱 급진화된 종교적-신학적 의미에서 사유한다. 같은 출판사에서 나온 이 두 권의 책을 함께 읽는다면, 독자들은 레비나스 철학을 더욱 균형 잡힌 시각에서 포괄적으로 이해할 수 있을 것이다.

후기

한 권의 책을 내는 것은 언제나 그렇듯 어려운 일이다. 철학이나 종교학, 신학 같은 인문학 분야의 책을 내는 것은 더 그렇다. 이번에는 비상계엄 등 도무지 종잡을 수 없는 불의한 일들이 이어져 더 힘겨웠다. 그럼에도 레비나스의 책을 내는 것은 철학 자체의 확산만이 아니라 그가 심고자 했던 평화, 사랑, 자비의 씨앗을 함께 심는 일이라 여기며 힘을 냈다.

이런 씨앗을 심는 일에는 역시나 출판사의 결단이 필요한데, 어려운 시절에도 본서의 출간을 선뜻 허락해 준 문예출판사에 감사드리며, 편집과 디자인, 홍보 등을 위해 힘써준 모든 출판 노동자에게 고마운 마음을 전한다. 특별히 이 책의 출간을 위해 처음 소통에 나서준 이효미 선생님과 이 책의 마무리를 함께 해준 박해민 선생님께 감사드린다. 레비나스의 철학을 구체적으로 가르쳐주시고 본서의 출간 작업을 격려해주신 강영안 선생님께도 특별한 감사의 말을 전한다. 그분의 가르침과 격려가 없었다면 지금 이만큼이라도 레비나스를 이해하기 어려웠을 것이다. 언제나 한결같이 나의 작업을 지지하고 지원해주는 아내 김행민 님의 사랑에 감사드린다. 그녀의 따뜻한 배려 덕분에 오늘도 연구실로 향할 수 있고, 책을 번역하고 글도 쓸 수 있다. 그녀의 도움과 사랑을 표현하기에는 이 지면이 부족할 정도다. 날마다 나에게 책임과 헌신을 요구하는 동물 타자 폴리, 주디, 한나 선생에게도 고마움을 표한다. 이들은 내가 레비나스의 타자 철학 너머를 엿보게 해주는 소중한 고양이들이다.

    어지러운 세상 속에 전쟁과 폭력의 소식이 나날이 들려온다. 파시즘을 체화한 듯한 정치인들의 출현도 수시로 목도한다. 나는 바로 이런 어두운 시대에 우리에게 정녕 필요한 것이 무엇인지 되물으며 레비나스의 가르침을 곱씹어보자고 제안하고 싶다. 전쟁의 종식과 평화의 증진은 더 큰 힘과 무기의 구비, 기만적 정치 전략을 통해 이루어지는 것이 아니다. 힘으로 힘을 제압하는 것은 또 다른 힘을 불러온다. 비록 정치적 투쟁을 외면할 수 없다고 하더라도 참된 평화는 타인을 위해 나를 비우는 케노시스의 인간주의에서 비롯하는 사랑과 자비의 삶을 기반으로 삼을 때 이루어질 것이다. AI와 로봇의 발전 등 전례 없는 기술 혁신의 시대를 맞이하는 가운데 이제는 점점 옛 사상이 되어가는 레비나스지만, 고통받는 타인의 부름이 들려올 때마다 그 목소리에 응답하기를 요청하며 저 너머의 선함으로 초대하는 그의 메시지는 변함없이 우리의 가슴속에 커다란 울림으로 남을 것이다.

2025년 12월 어느 날, 서울에서
김동규

초월과 인식 가능성

1판 1쇄 발행　2025년 12월 8일

지은이　　　에마뉘엘 레비나스
옮긴이　　　김동규
펴낸곳　　　(주)문예출판사
펴낸이　　　전준배

편집　　　　박해민 백수미 전하연
디자인　　　서혜진
영업·마케팅　하지승
경영관리　　강단아 김영순

출판등록　　2004.02.11. 제 2013-000357호
　　　　　　(1966.12.2. 제 1-134호)
주소　　　　04001 서울시 마포구 월드컵북로 21
전화　　　　02-393-5681
팩스　　　　02-393-5685
홈페이지　　www.moonye.com
블로그　　　blog.naver.com/imoonye
페이스북　　www.facebook.com/moonyepublishing
이메일　　　info@moonye.com
ISBN　　　　978-89-310-2594-1　93100

잘못 만든 책은 구입하신 서점에서 바꿔드립니다.

문예출판사® 상표등록 제 40-0833187호, 제 41-0200044호